メキシコ先住民女性の夜明け

Guiomar Rovira
G.ロビラ
Shibata Nobuko
柴田修子［訳］

日本経済評論社

Mujeres de Maíz

by Guiomar Rovira

メキシコ先住民女性の夜明け⦿目次

写真・柴田修子

チアパス全体図

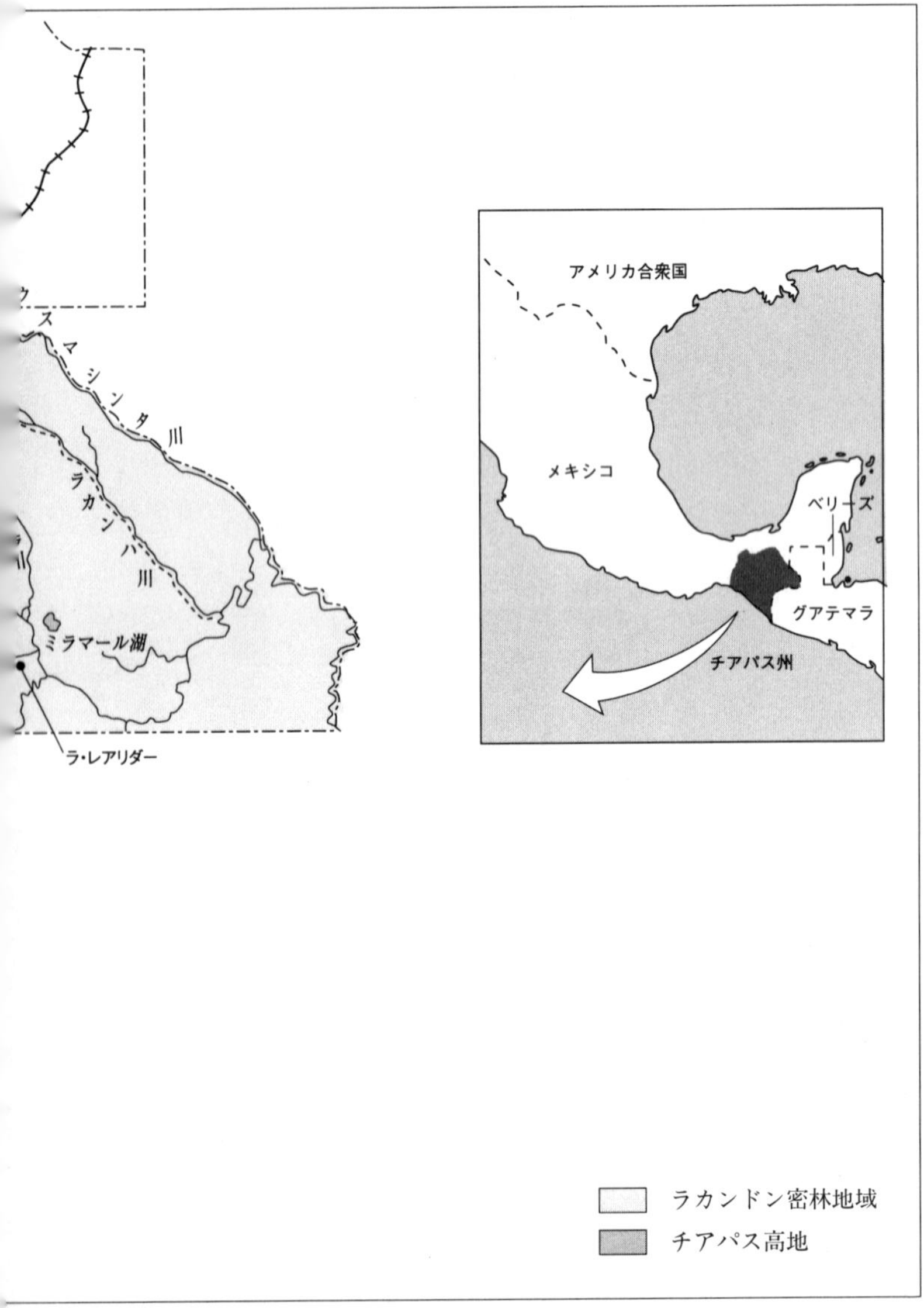

，1995 年を訳者が加工．

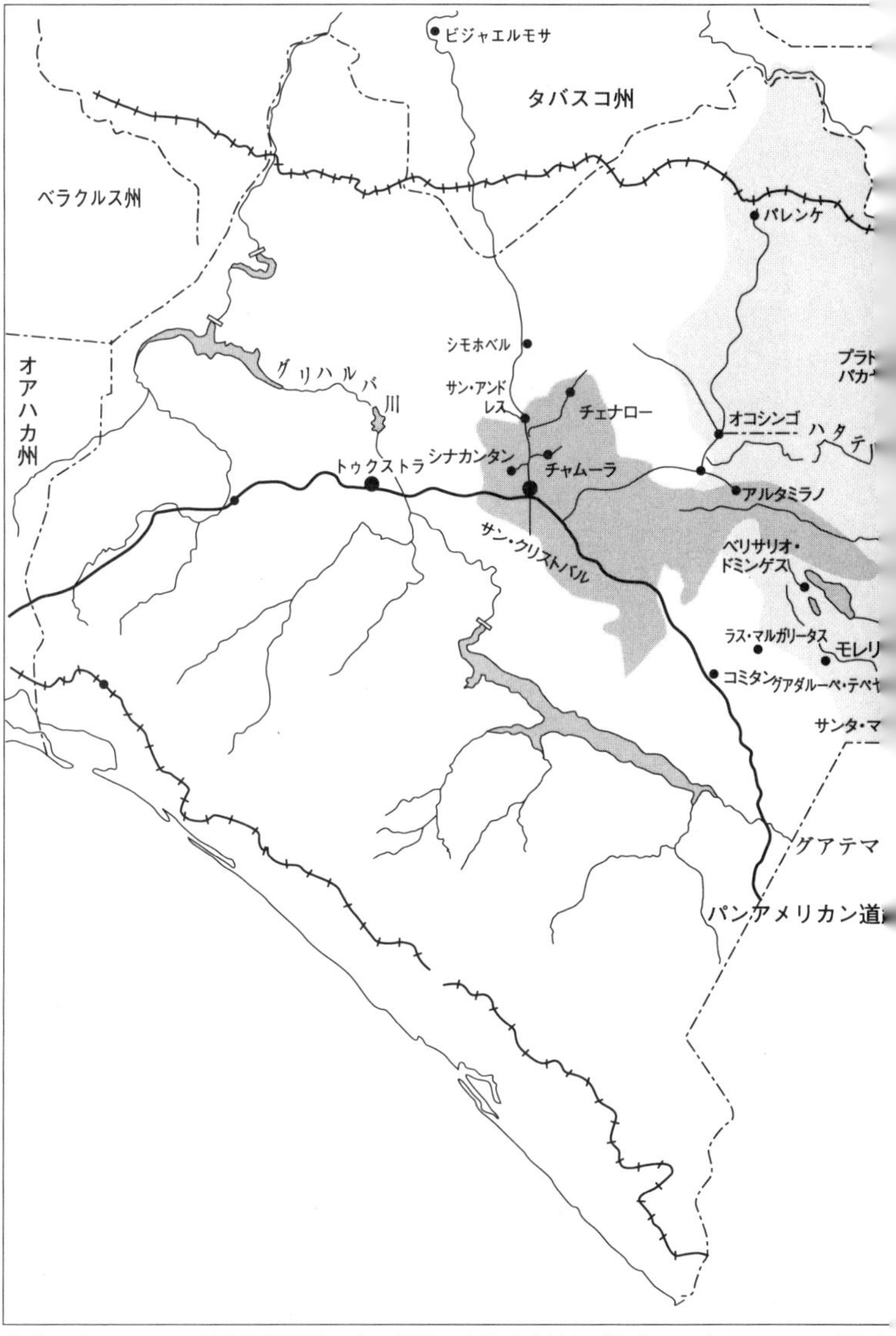

出所：サパティスタ民族解放軍著，太田昌国・小林到広編訳『もう，たくさんだ！』現代企

ラ・レアリダー村の子どもたち

はしがき　密林は心のかけらからできている

しびれるような寒さが体に走る。私たちがチアパス高地に登ると、あざやかな花柄のシナカンタンの衣装が姿を現し始める。寒気と沈黙。濃霧に変わった大気のなかを手探りしながら裸足で歩いているに違いない。ぼんやりと白く浮かび上がる何代も変わらぬ群衆の姿を、神秘のベールが覆い尽くす。底知れぬ忍耐力で霧を統べる先住民たちは平然と歩き続ける。彼ら自身、背にのしかかる幾世紀の霧の一部だ。

歩きながら、色とりどりの女性たちは道を切り開いていく。一歩ごとに、次の一歩の置き場を見つけながら。老いてかさかさの女性の右足が、左足に続く。後ろにも前にも、濃い雲がたれこめるばかりだ。道すじをつけていくやせこけた人々の舞踊。彼女たちの後ろには、無。前には、希望。

人生に香りと彩りをそえるために芽吹き、つぼみを開く花のように、幻想と夢がトルティージャの鉄板《コマル》で焼かれ、膨らみ、きつね色になって、食される。そして血となり、未来の子どもたちにつながっていく。明日への力と闘争の執念の中で花開く未来だ。

うっそうとしたラカンドン密林、サパティスタ地区にある先住民の村。私たちは、友人の小屋に入る。再会の火はかまどの火より熱い。抱擁と笑い声。細くてきゃしゃな友人たちはみな、まるで私が男であるかのように胸におさまる。ドニャ・テレサが笑いながら言う。「今日着くのはわかっていたよ。午後に白い蝶が、この台所でひらひら飛び回っていたからね」。蝶が、このトホラバルの女性に私たちの到着を知らせたのだ。テレサはもう曾おばあさんで、髪が白く、歯はかろうじて三、四本残っているばかりだ。思慮深くまっすぐで、毅然とした、女性のなかの女性だ。家族のどの娘にも、女中として街へ出るのを許さない。この密林の地に人々がやってきた五十五年前から、村の産婆を務めている。

翌朝、テレサは斧を手に山に出かけ、額から薪を下げて帰ってくる。その間、娘たちは私たちをもてなすために、やせこけた鶏をつぶす。「あなたたちは孤独ではない」という私たちの呼びかけに応えてくれるためだ。何も持たなくても与える喜び。仲間を探し、分け合える希望。曾おばあさんは言う、自分たちには何もいらないのだから。「すべてみなで」が信念だ。

そのとおりだ。丸一日スーパーマンになれる恋の妙薬のようなスープを味見してみる。スープは忘却から救ってくれる魔法の薬だ。この村、女性たち、この気持ちは、母乳のように忘れがたいものとなるだろう。もちろん、その足跡はプルーストのマグダレーナよりもずっと大きい。ここでは、さしずめ出会いの時と来たる時を求めてのスープだ。希望の太陽であるトルティージャと、地の塩が浸されている。

チェネクはフリホール豆、ウアはトルティージャ、ノロブは卵、モフバクティクは、私たちは仲間。遥かなる密林の谷間でトホラバル語の授業を受ける。こうして交流が始まる。私は海のもっと向こうから来ました。海って何？　広い水たまりのこと。ラ・レアリダー村に人が住むようになったとき、大きな沼だったようにね。でももっと大きくて先が見えない、地面がなくてただ水が広がる、木もないの。

「本当に？」

集会を告げる笛の音とともに交流のひと時が終わる。

「失礼、会合があるので」

みんな去り、百歳のセイバ樹の下には私たちだけが残される。セイバは大地をつかみ、その根で地球を一つに保っている。セイバの枝の間から、夜には星が、昼には鳥たちが見える。

ここの女性たちはスペイン語を話さない。だが私たちのことを理解する。十二時間かけてやって来てすぐに、首から吊った鶏を手に三人の女性が通るのを見かけた。またもや何もないもののなかから、もしくは持っているなかで最高のものを振る舞ってくれる。数時間後、やせた鶏の筋張った肉をいただく。フリホール豆、チリ、トルティージャにレモンティー。コーヒーはすでに切れていたのだ。私たち十三名のジャーナリストは、ある者はぎょっとしながら、またある者は不満気に、この晩餐会を終えた。私は皿を集め、骨を一つにまとめる。「どこかの犬のために」。じっと見つめる女性たちにそう告げた。彼女たちは笑いころげるが、私には訳がわからない。骨が子どもたちに分けられると知ったのは後のことだ。

「入ってはだめ。私たちがいいと言うまでは通ることはできないの」。カラフルなワンピースを着て胸に子どもを抱いた、裸足の小柄な先住民が、私たち四人のジャーナリストと木柵の間に立ちはだかる。彼女はサパティスタとして、今夜反乱軍兵士たちが踊るパーティー会場の入り口の見張り番をしているのだ。

「戻りなさい」と言う。誰かが抗議しかけたが、彼女の声音がそれを黙らせる。これは命令だ。サパティスタの確固たる命令だ。不思議な気がするのは、それを言っている人のせい。子どもを抱えた、さっき台所から出てきたばかりの、スペイン語をほとんど話さないカラフルな服の女性、子どもと台所のことしかわかりそうにない、お人好しの笑みを浮かべて冗談を言うはずの女性。取るに足らないように見えるその女性が、今私たちに命令し、黙ってさっさと立ち去るよう強要しているのだ。乳を吸う赤ん坊を寝かしつけるため、体を揺らしながら、真剣な面持ちで立っている。

夜が容赦なくすべてを闇に落とす。この村には電線がない。私たちは、泥のなかをよろめきながら戻る。そして、星をながめるために学校のベンチに腰掛ける。巨大な彗星が南へ落ちていく。すっかり気落ちして、来てもいいと言われても行くものかと心に決める。もう眠りたい。するとと懐中電灯の丸い光が私たちを照らす。

「一緒に踊ろう。悲しそうな顔しないで、さあみんなで踊ろう」。すでに二時間近く経っていた。その間私たちはセイバ樹からこぼれる遠くのパーティーのざわめき、音楽、スピーチの声を聞いていたのだ。

こちらはそんな気は失せていたのに、いたずらっ子の顔をしたその小柄な男性は、大丈夫、行こうとようやく言えるのが嬉しくて仕方ないようだ。おとなしく腰をあげ、彼の後に続いた。「悲しがってないで、踊りに行こう。あんた方の番だ」。笑顔と興奮に後押しされ、懐中電灯を持って進む彼の後をすごすごとついていく。まだ悲しみが突き刺さってはいたけれど。何百、何千の星が道をつつむ。蛍が、暗闇にメッセージを描き出す。

中に入ると、一斉に視線を浴びる。パーティーはほとんど終わりかけで、先住民でないのは私たちだけだった。さっきの女性が笑いかける。今は他の女性たちと一緒に座っている。赤ん坊は、地べたに敷いたおくるみの上ですやすや寝ている。女性たちの足元、ベンチの下には、村の子ども全員がいた。みんなパーティー会場で眠っているのだ。

一人の少女があたたかい米の飲み物を持ってきてくれる。順番にそれをすすった後、顔見知りにあいさつに行く。彼女たちはもう疲れていて、寝にいくところだった。四人の子どもが、ビニールの上に寝かされている。妊娠中のロサリオを気遣って、家まで子どもをおぶっていこうと申し出た。

前かがみになるとルスが背中に小さな子をのせてくれ、結わえるための布が渡される。だが、その布でどうしたらいいのかわからない。周りのみなが笑っている。私は子どものおぶいかたを知らないのだ。結び目を肩の上で作っていいのか、下で作るのかわからず、結局ルスにやってもらう。子どもが落ちるのではないか心配で手を後ろにやりながら、そっと立ち上がる。それがみなを笑わせる。「どうか落ちませんように！」

　先住民の列を作って闇の中を進む。フェリサは背にクリントンを、ルスはヨリを、ベルタはアンヘルを、私はドナイを、テレサは荷物を、そしてロサリオはお腹をかかえている。泥だらけのなか、懐中電灯はわずか一つだ。小屋に着いてテレサが鉄板《コマル》の火をあおると、小さな炎が暗闇をやぶる。女性たちは、棚が一つあるだけのわずか数メートルの寝室に子どもたちを寝かせる。子どもはみんな地面に眠り、女性は板の上、ロサリオと夫は別の板の上だ。タバコをふかし、疲れてぼんやりと遠くを見ながら「これが貧困よ」とルスがつぶやく。私の背に手を置く。

　エドゥアルド・ガレアノが言うように、彼らが私の魂を豊かにしてくれた男たち、女たちだ。

チャムーラの市場

1

同じ世界に二つの世界

二〇〇〇年が近づくなか、チアパスにはすさまじい貧困と忍耐を強いられている何千もの人々がいる。スペイン人がこの地を踏んで五百年以上経ったいまなお、暗い影を落としている。

二つの世界の「出会い」のつけを払ったのは、こちら側の世界の文化、かつてのすばらしいメソアメリカ文明だった。

だが、それはいまも生き続けている。チアパスの山々で、谷間で、密林で、女性の服の色に見つけられる。

長きにわたって抵抗が続いてきた。女性の多くはスペイン語を話さず、マヤ派生語を守って先祖の火を絶やさずにいる。だが、何かを代償にして。学校へ行ったこともなく、医者も知らず、泥の中で子を産み、その子たちが飢え、搾取、貧困で死ぬのを見つめてきた。

忍耐を象徴する神話の人物のように風景に溶け込んで、女性は伝統衣装に花を刺繍することに没頭し続ける。喜びの赤、青、チアパスの大地の黄色でいっぱいにするのだ。

一九九四年目覚めるときがきた。ある少女は「みなが生きのびるため、私たちの民のなかに死ぬ役を担う人がいた」と後に表現している。突然の目覚めだった。先住民女性は徐々に地面から顔を上げ、周りを見まわし、びくっとしては後ずさり、抵抗し失敗しては、また立ち上がる。不意に、胸の中に希望の種が宿るのを感じる。

サパティスタが現実を認識させた。「確かに私たちは押さえつけられてきた」と彼女たちは言う。「忘却のなかの忘却に気づきもしなかった。いまは自分たちの言葉で語りはじめた。少なくともどんなに押しつぶされているか知っている」。

取り戻された言葉、ゆっくりと目覚めた言葉、痛みと苦しみを払いのける言葉、武器である言葉、火である言葉、変革の言葉。

「道はすでに切り開かれている」。運命のいたずらでEZLN司令官になったトホラバル人のトリニダーはそう言い切っている。

沈黙してきた心を開き、女性は村、彼らの闘い、渇望、抵抗のやり方、憎しみ、愛、貧困について、語り出すだろう。一九九六年のチアパス。女性は相変わらず十三歳で焼酎数本か、炭酸ジュース数箱や雌牛と引き換えに結婚させられる。

新しい一日が始まる。作家ロサリオ・カステリャーノスは、水晶玉をのぞきこんだ後、チャムーラの人里離れた場所に登り、夜明けの数時間をこう描写している。「女性たちは手探りでかがみ込み、埋み火を出すため灰を吹き払う。小屋の周りでは、風が咆哮している。ヤシの屋根の下、四方を土壁に囲まれた中では、寒さは名誉ある泊まり客である」

視覚より触覚に頼りながら、女性は早朝から夫や子どもたちのためにトルティージャとうもろこし汁を用意する。夜が明けるのは目を覚ましてから四時間後だ。煙がしみついて黒ずんだ小屋のすき間から、光が差し込みはじめる。

サン・クリストバルの町では、通りを歩くと黒いお下げ髪にリボン、ショール姿のスペイン語を話さない先住民女性たちが近づいてくる。幼い娘たちも真似して、小さな集団でやってきては、観光客にミサンガや粘土人形、ヘアピン、動物のミニチュア、サパティスタ人形を見せる。時に悲劇が襲う。裏庭に連れ込まれ、強姦されたり、商品を強奪されることがあるのだ。誰も大声を上げてくれないし、スペイン語を話さないために自分の身を守ることもままならない。サン・クリストバルの紳士で、今日まで先住民女性を乱暴して楽しんだ人は何人にのぼることか。

征服の精神は、キリスト教という正統で人知を超えたものに裏づけられた「自然な」優越性の存在を信じるという悪徳を残した。先住民女性は食べさせてもやれない息子たちを産んだ。息子たちはやがて白人の農園主の鞭に苦しみ、あらゆる病魔にやられ、感覚をなくし自らを否定し、文化や伝統を忘れて狂っていくよう仕向けられる。個人と村に向けられた錯乱と不条理の論理。

だが歴史が作られる道すじは計り知れない。希望の小道はもっとも奥まっていて近づきにくく、地中に複雑な網の目のように広がる根っこのようなものだ。そこに生命の木が宿る。それぞれの失敗は、幾世代にわたって未来の勝利への渇望となる。どんな逆境にあっても、女性は子どもたちに、翌日の太陽を喜び、人生を愛し、大地や雨、星に感謝するよう教えた。

彼らはとうもろこしの女たち、男たちだ。

幾世紀も続いてきた光景のなにかが壊れた。一九九四年一月一日の夜明け、こうした惨めな売り子や羊の番をしていたツォツィル人がサン・クリストバルを占拠し、町は激しく動揺した。先住民が蜂起し、町を歩き回る。解かれた長いお下げ髪が、帽子の下からコーヒー色の制服に広がっている。黒のズボンに軍靴。それはまぎれもない反乱軍女性兵士の姿だった。ゆるぎないまなざしは、もうおどおどとすがるような町の先住民のそれではなかった。

コーヒー色の制服を着た女性民兵は、市庁舎の正門横に集まっていた。同じ制服を身にまとい、同じように武器を持った若い男の同志と肩を並べていたのだ。「我々はサパティスタ民族解放軍の兵士である。我々の民のため、よりよい明日のために闘う」

ラジオを通じてメッセージが読み上げられた。革命賛歌のあいだに、EZLNの一連の戦争法が発表され、なかでも女性革命法は一石を投じる内容だった。

一九九四年の先住民蜂起は、五百年の民族浄化の侮辱に復讐したわけではない。逆にサパティスタはすべてのメキシコ人の和解を呼びかけた。武器を手にしながら、「声を持たない者たちの声」に重きを置いた。メキシコ全土と世界中を驚かせたことに、「もうたくさんだ!」の一言で尊厳を呼びさまし、より寛大で民主的、人道的な社会と生活を思い起こさせたのだ。

そして「武器を持つもっとも小さく忘れられた者たちの語り」のすきまから、忘れられた者たちのなかでとくに忘れられた小さき者たち、チアパスの先住民女性が自らの闘い、苦しみ、誇り、希望を語るささやき声が聞こえてきた。

語りは尽きることなく、彼女たちを黙らせるものはなかった。その声は他の女性を目覚めさせる一方、多くの女性を怒らせ、驚かせ、また軽蔑された。だが声がとぎれることはなく、今もここにある。

起源

昔々、チョル人に言わせれば「まだ時がなかった」頃、父であり母である神によってこの液状の暗黒に世界が造られた。太陽が造られるよりもっと前のことだ。スペイン人の到着で、神は両性具有であることをやめ、男である父として唯一の存在となった。それ以後女性は男性と同じ位置を占めなくなった。

古代マヤ王朝においては、女性が政治宗教上の最高権力者になるのはそうめずらしくなかった。パレンケ――現在もっとも重要な遺跡がある場所――では、王に先立って女王がいて、あらゆるレリーフで王たちが女王のご機嫌をとっていた様子を見てとれる。パレンケ王朝のある女王は、ホンジュラスのコパンの女王も兼ねていた。

キリスト教化によって、すべての土着信仰が迫害され、完全な家父長制が押しつけられた。マヤの口承は征服者が行ったことを雄弁に語っている。「自らの花を開かせるために、我々の花を荒らし、絶やした」。この花は命の根源である母なる女性ととることができる。

歴史家ジャン・デ・ボスは、「アメリカ大陸の発見」の真の悲劇性をこう記している。「最初の征服者が現れ、征服――暴行――を行ったとき、先住民――そして先住民女性――はなにを思い、感じただろう？　病気や強制労働、戦争の貢物、倫理の崩壊、神々の沈黙、新たな作物や見知らぬ家畜の出現による負担を和らげるために、どうすることができただろうか？」

歴史は時に疑問を投げかける。神の呪い、終末論だったのか？　崇拝していた神々が彼らを見捨てたのか、もしくはスペイン人たちの神に劣っていたのか。「それまでまったくなかった聖像破壊は、先住民に多大なインパクトを与えたに違いない。神殿や彫像が倒れることは、彼らが崇拝する神々が倒れることでもあったからだ」とジャン・デ・ボスは語る。

『抵抗とユートピア』の著者ガルシア・デ・レオンが語っているように、もちろん古代文化における先住民女性の役割はすべて消滅したわけではなく、先住民の反乱のたびに再来した。「宗教で重要な位置を占めた古代の女性祭司は、今では聖母像となって、もしくは征服以後の大規模な反乱の指導者に選ばれし女性となって語った」

チアパスで大きな先住民反乱は三回あった。一五三二年から三四年にかけてチアパスの人々とソケ人によるものと、一七一二年カンクックおよびセンダル地方の先住民によるもの、一八六九年から七〇年にかけてのチャムーラの人々によるものだ。どの反乱でも指揮をとる女性がいた。

マヤの人々はおそらくひそかに抵抗を続けてきたのだろう。今日まで息子や娘に受け継がれる言葉、伝統、習慣は女性の手で守られてきた。男が外に出て仕事を探し、軍に入り、スペイン語を学び、家庭をないがしろにしているあいだ、女は貧困のなかで永遠のかまどの火をたきつづけていたからだ。

ジャン・デ・ボスは次のように記している。「この戦略――隠された抵抗――が効果を発揮したのは、司祭や裁判官の干渉を回避しやすい場所、すなわち家庭ととうもろこし畑だった。先住民の伝統のもっとも豊かな二つの流れが、女性が守る家庭と男性の役割である農作業を通して受け継がれた」

いつの時代も歴史を作る女性たちがいる。一八一三年独立を求めてサン・クリストバルで反乱の鐘が鳴り響いたとき、反乱軍との共謀罪でエンカルナシオン修道院の修道女たちが告発された。独立戦争では、ヒロインのホセファ・オルティス・デ・ドミンゲスがコミタン教区の女性とともに活躍した。一八六三年十月二十二日から二十三日にかけて保守派がサン・クリストバルを占拠したいわゆる「震撼の夜」には、強制召集で男たちが不在のなか、女性が暴動の主役を務めた。市庁舎に火を放った保守派に、女性は刑務所を占拠して応戦し、兵士たちを町から追い出した。人類学者のアンドレ・オーブリーは「反乱、蜂起、独立戦争、レフォルマ戦争、震撼の夜、そして今……時代が移るごとに、女性が一定の役割を担う」と説明する。

スペイン人がチアパスを征服すると、一五二八年ディエゴ・デ・マサリエゴスによってシウダー・レアル、現在のサン・クリストバルが建設された。メキシコのみならずアメリカ大陸全体でもっとも古い町の一つだ。当時この町には七十人の征服者が暮らし、周囲の山々にひそむ潜在的な敵である先住民に備えて守備を固める必要があったため、他の州での戦争協力者に土地を与えて人間の楯を作った。そうして町の周りに地区ができていった。町の整備が済むやいなや一五二九年市参事会協定が結ばれ、代表団がメキシコシティに派遣された。目的は他の地方の先住民女性を二百人輸入する許可を得ることだった。

それ以来、この町では女性の人口過剰が特徴となった。夫を見つけられなかったり、同じ身分の夫がいないと判断された女性のために、一五九五年修道院が建設された。

その後一七一二年に「公序良俗を乱す女性」を収容するサンタ・ロサ・デ・ビテルボ救護院が建設された。売春は多くの独身女性にとって唯一の生きる道だった。「毎週日曜日には、修道士がロサリオを歌いながら町を回り、売春婦を震え上がらせたものだ」と人類学者アンドレ・オーブリーは説明する。

十八世紀に男やもめの数は減った一方、未亡人が七、八倍いたと市の記録にある。夫に捨てられて、統計上未亡人と申告していた女性も多く含まれていた。

一七七八年の統計では女子の登録が三百六十五人なのに対し、男子は百六十三人に過ぎない。つまり男は町の外に出ていて、町は女性でいっぱいだったことを示唆している。

男たちは一定期間農園に行ったり戦争に行ったり、仕事を求めて他の州に行ったり、病気や牢に入れられたり、契約にしばられる場合もあった。男女比は貧困の度合いに直接反映されている。スペイン人ではその差は小さいが、先住民では七十パーセントが女性だった。

とはいえスペイン系の農園主も、農園の見回りや地所の管理に行ってサン・クリストバルを留守にした。その間女性は家庭と子ども、町の仕事を担った。あらゆる困難を乗り越えて家族を盛り立てるコレタ〔サン・クリストバル在住の非先住民女性〕の「偉大な母《ママ・グランデ》」神話は、ここからきている。夫が二度と戻らないこともめずらしくなかった。母親であるコレタたちは悲しくも有名な「道ふさぎ」の仕事をするしかなかった。町の入り口に立ち、市場に持っていく荷を抱えて山から下りてきた先住民女性をさえぎり、商品を奪いとるか、代金としてせいぜい取るに足りない小銭を地面に放るのだ。

何世紀ものあいだ、サン・クリストバルは男に快適な環境を提供した。複数の女性と関係を持ち、相手を換えて楽しむことができた……女性人類学者のドロレス・フリアノが言うように、人口の比率から女性は譲歩の文化を発展させた。生き延びるのに必要な男を手に入れてつなぎとめるため、男たちの指名を受け入れ、平等をあきらめて男の意志を尊重した。

今日でも古びた価値にしがみついて、家系証明書、名字、家柄、家系図をトロフィーのように見せびらかす町の名家のコレタがいる。

サパティスタ蜂起は五世紀のあいだ変化のなかった彼女たちの秩序をゆるがせた。先住民が自ら指揮を取っていることに納得できず、コレト〔サン・クリストバル在住の非先住民〕は蜂起の起源を外国人、左翼家、もしくはサン・クリストバル司教区の責任者でサパティスタに同情的なサムエル・ルイス司教に求める。

蜂起の最初の数日間、一部の人々はサパティスタ運動が外国人に扇動されたものと信じて疑わなかった。あれほど従順なはずの先住民女性が混じっているなどあり得ないはずだったからだ。

メスティソの弁護士マルタ・フィゲロアも、サパティスタの女性を目の当たりにして驚いた一人だ。「一月一日を迎えて、私はなにが必要なのか、何人いてどれくらいコーヒーを用意したらいいか確かめに公園に行った。彼らが軍服を着て武装しているのを見たときも驚いたけれど、髪にリボンやピンをつけ、ピアスやネックレスをして先住民らしさを失わないまま軍服姿の女性たちを見た衝撃が一番大きかった……しかも彼女たちは日常生活よりも軍務のほうが楽だと言うじゃない」

首謀者が「有害な外国人」でないことが明らかになると、町の富裕層はサムエル・ルイス司教を槍玉にあげた。

「典型的なコレト」による反ルイス司教デモは一九九五年二月に激化した。コレトたちは、なんの疑いもなく「オフェリア・メディナとマリサ・クラムスキーに集団（masiva）リンチを」といったプラカードを掲げた。

アマド・アベンダニョの反乱暫定政府やサムエル・ルイス司教と親しい社会活動家のマリサは、「あなたには集団（mas-iva）から税金（IVA）分引いてあげるわ」と攻撃をジョークでかわした。

密林の子どもたちを定期的に訪問している女優のオフェリア・メディナは、何度も侮辱を受け、「典型的なコレト」店主にレストランから追い出された。

集会に出席するため町にやってきた先住民女性は、「先住民であり」望ましくない客という理由で、予約していたホテルの部屋から追い出された。

白人の先住民に対する憎しみは根深く複雑だ。征服者が困難の末この土地を屈服させ、権益を得てきた歴史、両親から子へと受け継がれた物語に根ざしている。白人たちは狂暴さを正当化するために、なんらかの反撃を待ってから再び先住民を屈服させればよかったのだ。

人種間の和解は非常に難しい。偏見は集団の無意識に巣くっており、五百年の根を持っている。

マリサ・クラムスキーは、コレタながら先住民の味方だ。彼女自身「仲間は私を反乱の庇護者と呼ぶわ」と言う。サン・クリストバルのコレト社会の娘であるというだけで、彼女は子どもの頃から先住民にかしずかれてきた。一九九五年現在三十九歳のマリサは、ドイツ系移民の孫ながら、ことごとくふさわしくない振舞いをしてきた。コレト社会のカーテンに閉じ込められていた十三、四歳の頃人種差別に気づき、二十二歳で家を出た。「それはあってはならないことで、家族は後ろ指をさされたわ。上流社会の娘が結婚もせずに家を出るなんて、私は悪魔の娘だった。みんな心の底では私のことを異常でおかしいと思っていたわ。その後結婚して離婚すると、評判はさらに下がった。離婚した女が実家に戻らないなんて、売春宿にいるも同じだったのよ」

写真家となったマリサは社会のプレッシャーと反発に悩まされうつ病になるが、三十三歳で再び社会のタブーを破り、未婚の母となる。

「私は少し疲れていて、運動にほとんど参加せずにいたけれど、一月一日に復活したわ。サパティスタにたとえ命を捧げようとも全身全霊で参加しなくてはならないと感じた。突然五世紀ほど飛び越えたような気がした。とてもすばらしい感覚だった。一人ではないとわかったの。誰かのためになにかすることは、ほかでもない自分のためだと悟った。息子のイスマルクは、先住民の兄弟たちを愛しているわ。サン・アンドレス交渉では、アンドレア司令官が息子をほんとうにあたたかく抱いてくれた。イスマルクはタチョ司令官を友だちなんて言うのよ、すでにこの流れのなかにいるの。私も息子のおかげで、その一部になっている」。「コレトは私を嫌っているけど、心の底では尊敬しているのよ。酔うと抱きしめキスしてくるもの。彼らも本当は私のように人生を変えたいと思っているのに、育ちがそれを許さない。あまりにも厳格にしつけられて、チャンスがないまま人種差別のなかに暮らしている。幼いときからそう教育されて、しみついてしまっているのよ」

自らを取り巻く社会を熟知しているマリサは、「典型的なコレト」——地元の保守派——にはいくつかのタイプがあるという。「政権と結びついた純正タイプ、彼らはとても洗練されている。それから中産階級タイプ、商店主やホテル経営者などで唯一の関心は経済にある。三番目は木材業者や農園主、下層の出だけどお金を持っていて、先住民の血が流れていてもそれを否定する。これが一番たちの悪い搾取者よ、というのは経済的にもモラル面でも先住民に頼っているからこそ、攻撃的になるの。彼らはサン・クリストバル市民連合をつくって、汚い言葉で脅してくる。恐怖心で結びついているから、サムエル・ルイス司教を憎んでいるのよ」

そしてサパティスタ女性は？　マリサは答える。「私はフェミニストではないし女性団体にも所属していないけれど、先住民女性のことはいつも尊敬している。押しつぶされているのにとても強くてたくましいもの。あるとき食事はいらないかと聞きに行ったら、指揮を取っていたのは女性だったの。気に入ったわ」

それ以来マリサは人生のエネルギーを武装闘争の平和かつ公正な解決に捧げてきた。新生メキシコ建設のための一粒の種をまくべくすべてを投げうったのは、男性よりむしろ彼女のような非先住民女性たちだったのだ。

数か月のうちに、チアパスで女性の参加は目立ってきた。市民社会による平和ベルト運動、国際オブザーバー、キャラバン隊の女性たち、ラカンドン密林の市民キャンプの参加者……その多くが女性である。多くの女性が老いも若きも自らの人生を変革し、先住民の覚醒を通して自分自身も覚醒した。

とはいえ彼女たちはフェミニスト意識や古びた狭いイデオロギーでチアパスに惹きつけられたわけではない。それとはまったく関係なく、単に「行かなくてはいけない」と思ったり、「気に入った」り「サパティスタに内面のなにかを動かされた」にすぎない。

マリサが「なぜ運動がこんなにも多くの女性を惹きつけたのか知りたいものだわ。なにも得することがないからかも……」と言い出したことから、話が脱線しはじめた。おそらく議論し正当化すべき偉大な理論がないから。長い演説もない。有名になる人もいない。単にやるべきことと気持ちがあるだけだから。サパティスタとともにいると、エゴではなく気持ちが大きくなるとあるＮＧＯの女性は語っている。

正確な答えを知りたければ社会学や心理学の緻密な分析が必要だろう。

性的いやがらせ

コンセプシオン・ビジャフエルテは約半世紀前にサン・クリストバルで生まれた正真正銘のコレタだ。後に反乱州知事に就任することになるアマド・アベンダニョと結婚し、一九六七年二人で地元新聞を創刊した。数十年後サパティスタ蜂起によって一躍有名になるエル・ティエンポ紙だ。

エル・ティエンポ紙はつねに先住民に対する権利侵害と不公正を告発する場を提供してきた。編集長の彼女は長年にわたって女性問題も手がけてきた。

「あるとき数人の外国人観光客が強姦されたことがきっかけで、女性に対する暴力に気づいたわ。

届け出るのに付きそって、当局の横暴ぶりを目の当たりにした。それ以来女性に対する攻撃や虐待をすべて新聞に掲載することにしたの。彼女たちが警察へ告訴しにいくのにもつきあって、不愉快な経験をしたわ。なぜなら法律そのものはすばらしくて犯人を罰することになっているのに、その適用はまるで反対で、犯罪者を保護するための抜け穴がいくつもあるの」

コンセプシオンは住居兼新聞編集局兼反乱州政府事務所にあるソファにもたれ、ため息をつく。サン・クリストバルの女性たちが「もうたくさんだ！」と声をあげるには、ある女性教授が暴行を受けるまで待たなければならなかった。そして一九八九年五月十日母の日の伝統行事をする代わりに、性的いやがらせに抗議する行進が行われた。

弁護士のマルタ・フィゲロアもその行進に参加したという。「お年寄りも含めて二百人以上が行進した。キリスト教団体も呼びかけに応じたのだけど、保守的な社会にあってそれは本当に画期的な出来事だったわ。百八十六名が性的な嫌がらせを受けたことがあるという文書に署名した。『こんな年寄りも強姦されただって』という人たちもいた。このときの経験からサン・クリストバル〈女性グループ〉が結成されたのよ」

文書を受け取ったのは、当時の州知事パトリシオ・ゴンサレス・ガリドだった。「さまざまな告発文書を彼に渡したけど、一つずつそれを矮小化して、男性優位主義者の流儀ですべてをはねつけていった。性的暴行の話になったとき、それが頂点に達したわ。彼は私たちを前にして、喜んで男と寝ておきながら、気に入らなかったからといって強姦されたと騒ぎ立てるのはよくあることで、ゆゆしき問題であると言ったのよ」

女性たちは激怒した。しかしこの会合のおかげで、州知事はしぶしぶ女性のための特別検察室を設置することになった。マルタ・フィゲロアが顧問弁護士に、〈女性グループ〉の唯一の医師であるラウラ・ミランダが法医に任命された。

コンセプシオンに言わせれば、これでむしろ展望を失うことになった。「女性たちは誰もが陥る罠にはまった、政府の罠に。官僚化して、ゲームのルールに従わなくてはいけなくなった。彼女たち自身もこの政府機関で多くの過ちを犯して、結局激昂しておしまい」

コンセプシオンは強く厳しく妥協しない鉄の女として、チアパス中で知られている。魔女という噂もあり、彼女を嫌う者でさえ、すれ違うときには敬意を表して挨拶する。家族思いの主婦であり、賢くすぐれた洞察力の持ち主であるのはたしかだ。夫の世話をしなければならないと怒りながらも、それをこなしている。チアパスにおける女性の社会的役割とはなにかと尋ねると、苦々しげに答えた。「女性は役割を担っているのではなく、ぞうきんを握っているだけ。私たちに役割はないわ。きちんとした目的を持って活動している女性のグループもあるけれど、それはたとえば民芸品や衛生に関係する仕事など非常に限られたものであって、女性としての主張のためでもなければましてや政治的な闘争でもないわ」

〈女性グループ〉は民事訴訟を検討したが、できなかった。コンセプシオンがこの数年間で学んだことは次のとおりだ。「強姦された女性は、私たちの見たかぎりどんな階層であれ百パーセント家族に拒絶される。しかも彼女の犯罪ではなく、彼女に対する犯罪によって罰せられる。それは不名誉であり、女としてもう役立たずという烙印のようなものであり、性的に侮辱されたことで、価値を下げられてしまう。犠牲者として扱うのではなく、大きな罪の意識を背負わせ、保護もなく孤独と思わせる。そうなったら女性は隠れるしかないわ」

社会的排除は、先住民の場合さらに深刻だ。「都市ならば住む地区を変えるなどして、気づかれずに暮らすことができる。でも村にいたらそうはいかない……サン・クリストバルには性的暴行を受けたために都市に逃れてきて、しかたなく売春婦になった先住民女性がたくさんいるわ」

先住民の慣習法では、加害者が被害者と一緒になるのが暴行事件の最良の解決策とされている。加害者がごほうびを得るわけだ。

コンセプシオンによれば、被害者のほとんどは未成年だという。「十三、四歳でもう結婚適齢期とされていて、両親は婚資として請求するお金と引換えに、加害者を罰しもせず娘を渡してしまう。これが普通にまかり通っているなんて、非常に重大な問題よ。先住民社会では女性を虐待するのは日常茶飯事で、先住民女性にとっては耐えなければならない運命のようなものになってしまっているのかもしれない」

チアパスにおける日常的な暴力

あるケース。「あるとき、一人の女性が夫にひどい暴力を受けたと言ってきた。彼女は妊娠しており、しょっちゅう暴力をふるう夫とは一緒にいたくないとのことだった。女性は裁判に出なくてはならなかった。裁判は身の毛もよだつ恐ろしいものだ。尋問が始まり、訴えは退けられた。暴力は朝六時に始まり、夜十時にはやんでいたからだというのだ。夜十時というのは彼女が耐えきれなくなって逃げ出した時間だ」

判事は十二時間以上の殴打に真実味がないと判断したのだ。

彼女はスペイン語を話さず、ツォツィル語通訳はこう説明した。「夫は一日中暴力を振るいましたが、ずっとというわけではありません。殴っては彼女が疲れきるとやめ、起きあがってまた家事を始めると再び殴りはじめ、疲れきるとまたやめていたのです。そのようにして一日中、彼女が家を出る決心をするまで続けました」

コンセプシオン・ビジャフエルテにとって「これは恐ろしいことよ。家のなかで、誰が気づいてくれるというの。村では家はまばらに建っているのだから。どうしたらいいというの、助けを求める相手がいない。恐ろしいわ」

驚くべきことではないにせよ、生まれたときから女性はさげすまれ、利用され搾取されるのが日常的な現実であり続けた。詳しくは第11章で、本人たちの口から語られるだろう。

コンセプシオンが続ける。「これまで見たなかで一番ひどいのは、父親による強姦よ。父親が娘を強姦する。サディスティックで恐ろしいことだわ。ひどいときには母親が協力することもある。あまりにもむごくて私たちには理解できなかった。母親の協力は、夫を失いたくないという女性としての服従を表している。典型的とは言わないまでも、こんな例もあるわ。ある家庭では女性が働いて家族を養っていた。夫は病気だと言って働かず、家でゴロゴロしていた。母親が働きに出ているあいだ、家事をするのは長女の役目で、父親は娘に性的関係を持つよう強要したの」

〈女性グループ〉は父親を告発する際、妻の強い反対を押しきらなければならなかった。彼女は追い詰められたと感じて初めて告発を行った。

コンセプシオンは語る。「娘は殺すと脅されたうえ、ひどく外聞が悪いように感じて告発できなかった。母親が起こったことを受け入れたがらなかったし、事態を放置していたのよ。死ぬまで放置したら未必の故意だわ。夫を告発したがらなかったのにはもう一つ理由があった。卑劣な行為を周りはどう言うだろう。家族みんなが社会の制裁を受けるのではないかとね」

告発すれば夫を失うとわかっていた。「女性は夫を持つよう強要される。離婚者であれ未亡人やシングルマザーであれ、夫のいない女は無価値なのよ。飾り物であっても夫が必要で、大酒飲みだろうと一緒に暮らさなくてはならない。夫がいることが重要なの」

「女性よ、考えを持つと、みんながあなたを悪く言うだろう」

一九九〇年三月八日、〈女性グループ〉はやる気満々だった。数名が町の壁に絵を描きに出かけたときのことを、マルタ・フィゲロアは回想する。「器物損壊の容疑で私を尋問する、壁に誰々を告発すると描かれていたからだというの。でも一連の告発は、エル・ティエンポ紙ですでに公表されていた。またロサリオ・カステリャーノスにも尋問するという。彼女の署名が入っていたからですって。警察はロサリオ・カステリャーノスが何年も前に亡くなったチアパスの偉大な作家だということを知らなかったの。彼女はかつて『女性よ、考えを持つと、みんながあなたを悪く言うだろう』と言っているわ」

女性に対する犯罪を追及した経験から、マルタ・フィゲロアは学んだ。「法制度には書かれていない規則を知ったわ。賄賂や怠慢、職権乱用だけでない汚職の実態。なにもしたがらないのも立派な汚職なのよ」

彼女が女性のための特別検察室にいたのは、一九八九年八月三十日から九一年六月十日までだ。「私は中絶合法化のあおりでやめさせられたの。合法化が一九九〇年十月十一日で、発表されたのは十二月四日だった。誰も信じられなかったわ。〈女性グループ〉が、それを推進したと非難された。でも私たちは州知事の肝いりで始められた先住民女性の強制不妊手術の計画を知って、それを拒否しようとしただけよ。黒い計画を推進した主謀者は知らないけれど、教会法と関係があるのかも」

マルタ・フィゲロアはいくつかのデータを挙げる。強姦された女性の六十パーセントは、相手を知っている。知らない相手の場合、犯人が見つかる可能性は一パーセントだ。

「六十パーセントのうちのほとんどは十八歳以下で、なかでも十二歳以下の確率がとても高い。これは恐ろしいことよ。サン・クリストバルでも国内でも、幼児虐待に関して語られることはほとんどないわ」

また先住民の慣習法と憲法上の権利との違いにも気づいたという。「先住民のやり方では、加害者が賠償することもあって、強姦の場合、女性を利用したとして代価が払われるわ。先住民慣習法によれば、その女性の価値に基づいて支払われることになっていて、どれくらい薪を運べるか、健康で若いかなどで決まるの……。もっとも問題にされるのは処女性。すでに子どもがいることが価値とされる場合もある。一歳以上の男児ね。もし薪をたくさん運べるとか機織などができれば、ヒヨコ豆一リブラに相当する。これからなにもかも教えなければならない十二、三歳の娘よりよほど高くつくというわけ……」

村を出て町に落ちつくまで

チアパス高地の村で起きた虐待に関する専門家の先住民女性がいるとしたら、フアナ・マリア・オルティスだ。彼女はサン・ペドロ・チェナロー村に生まれた。暴力から逃れるため、村を捨て、サン・クリストバルに来た。大胆で知的なフアナは二十七歳、スペイン語を習得して現在チアパス大学の研究員だ。研究テーマは自らの過去、つまり虐待に関するものだ。

一九九五年四月、反乱暫定政府の建物の芝生に座って、ツォツィル語の通訳としてチアパス州女性会議に出席してきたばかりのフアナに話を聞いた。

「私はサン・ペドロ・チェナローの出身よ。この行政区のどの村でも、女性は男性の支配下に置かれている。女の子は小さいときから男性を尊敬し従って、反発や口答えをしないようにと母親から教えられる。男の言うことはなんでも信じて、言うことを聞かなくてはならない。私もそうやって育ったの。男だという理由で父親や兄弟は私を虐待したわ。

男に命令されなければならないなんておかしいわ。間違ったことを言っては、女を虐待するくせに。私の親がそうだった。女だって自分の意志で考えて行動し、働いて生きていくことができるというのになぜ従わなくてはならないの？

私はひどい虐待を受けて育った。でもいまは違うわ。小学校はどうにか卒業できたけど、女だからというだけで授業は週三日しか受けさせてもらえなかった。女は勉強してもしょうがない、家にいて結婚し、家に閉じこもっていればいいというの。

私には男たちが尊敬できなかった。彼らの言うことが気に入らなくて、いつも反抗してばかりの悪い子だったわ。それで小学校を卒業するとサン・クリストバルに働きにやってきたの。当時十五歳くらいで、働きたいと思った。でも父と兄弟には止められたわ。どこへ行くというのだ？　お前は女なのだから、外に出ないで家にいなくてはいかん。ふん！　と言ってやった。私は家畜ではないわ。自分で歩いていかなくてはいけないし、そうしたいの。私は行くってね。

独りで行く決心をしたものだから、サン・クリストバルに来るときも殴られたわ。でもたとえぶたれても出て行くと言ってやって来たの。最初の二年くらい女中として働いた。切符代もなんの知識も持たず、独りで、ツォツィル語しか話せず、どうやって意志の疎通をはかったらいいかもわからなかった。スペイン語を話せるようになりたいと思ったけど、最初はむちゃくちゃだったわ。そうこうするうちにあるグループに入り友達も見つかった。それがいまも所属しているサン・クリストバル〈女性グループ〉で、私の好きな場所。

初めてサン・クリストバルに着いた時、まず雇い主を探した。幸運にも親切な雇い主に恵まれて、慰められたわ。それでその人たちに、父親や兄弟に虐待されたことなど何もかも話したいと思った。でもスペイン語ができなかったから伝えられなくて、それで四、五か月かけて、一つずつ単語を覚えながらスペイン語を強強したの」

酒の弊害

女性に対する虐待は、アルコール消費量の高さと密接に関係している。先住民が好むポッシュという名のさとうきび焼酎はアルコール度数が高く、栄養不足の体をむしばむ。労働と苦労ばかりの人生で、多くの者は酒で一時の快楽を得る。しかしその際たまったストレスのはけ口は、女性という自分より弱い者に向けられる。どんなささいなことも、「酔っ払い」男の暴力の口実になる。ファナ・オルティスとチャムーラ出身の友人ファナ・エルナンデスは語る。「男たちは酔っ払うと、蹴ったり殴ったりする……酔っ払うとなんでもするわ」「しらふでも同じことよ！」「結局女性がひどい目にあわされる」

ラカンドン密林のサパティスタ地区で最初に採られた方策の一つが、飲酒の禁止だった。地下活動には細心の注意が必要だ。武器を酔っ払いの手の届くところに置くわけにはいかない……そして女性はこれ以上暴力を受けつけないと主張した。

禁酒法は好評だった。家計に入るわずかなお金が酒に消えることはなく、子どもたちの靴や、少しの石けん、洋服、天井に使うトタン板などになるのだ。

酒は宗教、武器とならんで貧しい先住民農民をコントロールし服従させるための道具だった。農園主たち支配層は、飲酒をたくみに煽った。

ＥＺＬＮの出現で始まった女性の政治参加は、村の伝統的な枠組みを壊しつつある。わずかな間に物事は大きく変化した。もちろん「チアパス高地のすべての村に変化が起きたわけではない。まだ問題は山積みよ……男たちはいまも女性の参加を歓迎していないし、女が意見を言うのも気に食わない。女性の目をふさいだままにしておきたいのよ。たとえばいまチェナローでは、結婚したせいで夫に活動をやめさせられそうになっている仲間がいるわ」とフアナは付け加える。

「私はそれはおかしいと言ったわ。男のいいなりになっていないで、はっきり抗議しなくてはいけない。女性は決定を下し選択をすることができる。男より賢いくらいよ。男はポッシュ酒を飲んでなにもかも忘れてしまうけど、女は飲まずにいるのだから。男というのは参加するだけでなく、決断も下したいのよ。闘争中の同志でも同じこと」

ツォツィル人の女性は、幼い頃から愛情に飢えて育てられ、誰も自分を好いてくれないと思いこむようになる。そうした不安定な思いから、わずかな愛情をそそいでくれる最初の男のなすがままになってしまうのだ。

　ファナ・オルティスは指摘する。「両親がきちんと愛情をそそいでくれないから、女性はだめになってしまう。女というだけで学校にも行かせてもらえない。家を出れば、父親にも兄弟にも嫌われる。誰も私を好いてくれない……それで町に出ることになる。出るとすぐに男が寄ってくる。そしてだめになってしまうのよ。君が好きだとかなんとか言ってたぶらかされてしまう。でもなぜ？　両親が好いてくれなかったから。父親の愛情を受けていないから、同じことが起きるのを何度も見てきたわ」

　娘が搾取される家庭から抜け出すには、結婚して主人を変えるしかない。または妊娠して未婚の母となり、孤独に追いやられる。

都市における人種差別

　二十三歳のツォツィル人ロレンサは、織物組合の代表になって二年間、サン・クリストバルで一人暮らしをしている。ほかの先住民女性と同じように、男性優位社会と根深い人種差別に苦しんできた。「フパス・ホロビレティク組合の民芸店は午後七時に閉店する。二回も暴行を受けそうになったので、夜歩くのは怖いわ。セリージョ公園のあたりにはいろんな人が歩いているから、犯人が誰かはわからない。三、四人の男だった。手にしていた傘を一人の背中に投げつけて叫んだら、近くに住んでいる知り合いの女性が助けてくれたのよ」

ロレンサは日々社会の抑圧と自分の恐怖心に立ち向かわなければならない。「母は少し心配している。襲われたことを話したら、『独りでなにかあったらどうするんだい』と言われたわ。相手は敬意なんて知らない人たちだから、殺されたらどうしようと思うと恐ろしい。サン・クリストバルで女を暴行するときには、いやがったら殺してしまうらしいもの。抵抗したら、殺されるってみんな言っている」

友人のフリオとロレンサと三人で朝食をとったとき、フランス人のフリオが、町に住んで自分が変わったと思うかと尋ねた。「ええ、少し。ここに来て長いから、家に戻るとなにもしたくなくなったわ。トルティージャを作ったり、朝三時とか四時に起きるのはいや。変わったって、家族にも言われる」

「自分の仕事は好き?」ロレンサはこう答える。「女性同士働くのが好き。民族衣装を作って働き続ける意欲を持っているから。それに女性ってとてもすてきな話し方をすると思う。それが好き」

しかしコレトの差別が彼女を悩ませる。「ひどいことをするの。ぶったり、インディオ野郎は風呂にも入らないし服も洗わないでシラミだらけだなどと言いがかりをつけたり……広場を歩いていると、敬意がないもんだから、突き飛ばしたり押してきたり、歩くのを邪魔したり、家畜を見るような目で見る。私たちは平等で、単に先住民はスペイン語を話せなかったり、読み書きができなかったり、石けんを買うお金がないだけのことだと思う。コレタはお金持ちで着飾っているから、違って見えるだけよ」

ロレンサの望みは「社会が変わること、そして私たち先住民に敬意を払ってほしい。私たちにも同じ血が流れていて、身体も同じよ。ただ言葉と考え方が少し違うだけ」

フリオはさらにロレンサの笑いを引き出す。「コレトと先住民男性に求婚されたら、どちらを選ぶ？」

「まずどんな人か見極めるわ。まず先住民のあるがままの私を見ているかどうか。それから、考え方も確かめる。気まぐれに好きになっただけなら、だめね。だからハンサムかどうかだけでなくて、どんな話し方をするかなど全部含めた人となりを見極めなくてはならないわ」

町の物売り

サン・クリストバルの通りを、刺繡入りブラウスや腕輪などの民芸品を抱えた裸足の女性たちが、静かに歩いている。その人生は糸と花だけに彩られているわけではない。たいてい女性ばかりで行動していて、市の職員に乱暴な扱いを受けていると売り子の一人マリアは言う。「私らが作った大きめのサパティスタ人形を取り上げて警官が言うのさ、ほら、これがお前たちの最高の保護者というわけだ。お前らがここに来て間抜け面で座っているのも、ヤツらのおかげだとね」

女性たちは「以前はほとんどレアル・デ・グアダルーペ通りの店に卸していた。それかトゥクストラにある政府の民芸品店。とても安値だった」

二十八歳のとき、マリアは商品を卸すのをやめた。「チャムーラを追い出された女性たちと商品をただ同然で渡すより、通りに出て自分たちの手で売ろうと決めたのさ。追い払われようが殴られようが、続けていこうってね」

こう決意したのは一九九二年だったが、さまざまな困難があった。「市から派遣された市場の集金係が毎日やってきて、十ペソ払えないと商品を取り上げられた。一日中なにも売れなくて『お金がない』と言うこともあったよ」

ある日マリアは反撃に出た。「『私は女で、大変な苦労をして稼いでいる。それにひきかえあんたはここで家畜を追いたてて稼いでいるようなものじゃないか。私たちはあんたの家畜になんかならない』。そう言って、警官をつかんでとうもろこしの穂でたたいてやった。そしたら逮捕されてしまったよ」

係官は怒ってすぐさまパトロール隊を呼び、マリアを逮捕させた。彼女は「子どもを独り家に残したまま」三日三晩刑務所で過ごした。

マリアはとくに強い女性だが、その人生は、風光明媚なコロニアル都市サン・クリストバル周辺に住む何千人もの貧しい先住民女性と変わらない。

「私はカランサ村を追い出されて、レニャドレス地区に住んでいる。刺繡の仕事で一家を養っている。村を追い出されてもう九年になる。チャムーラの男と一緒になったからさ。村に帰るお金はないから、四人の子どもとサン・クリストバルにいる。前は子どもの父親が助けてくれたけれど、別れた今はそれもないよ。私は独りだけど、彼のほうは再婚したから、子どもたちを扶養家族にしてもらえないんだ。実際どうやって見つけたらいいかもわからないしね」

サン・クリストバル市当局は、先住民が町をうろつくと美観をそこねるとして快く思っていない。いまや物売り女性を追い出すのは、衛生局の役目だ。「ゴミをたくさん出すし、子どもたちが公園を汚すというのさ」

だがおかしなことに、市は街角に無料公衆便所を設置しようという気はさらさらなく、用を足すときには市庁舎のトイレで〇・五ペソ払わなくてはいけない。

マリアはくだんの警官に言った。「おっしゃるとおり、私らはサパティスタが道を開いてくれて感謝しているよ。とりあえず自由に売り歩けるから。前は、家畜扱いで最悪の生活だったからね。いまは人間だとわかってもらえるけどね」

警官はこう答えたようだ。「俺にそんな口を利くお前は何様のつもりだ？」マリアは言い返した。「私は私、一人の女だよ。仲間の痛みは自分のもののように感じる。夫のいない身で、自分の商品を売るところを自分で探さなくてはならないんだよ」

大きな瞳をこちらに向け、おだやかに言う。「子どもを養うためにそうするしかない。洗濯の仕事をしても、衣類一ダースで二、三ペソにしかならないし、いつも衣類を二、三枚多く渡されて、なにも稼ぎにならない。女中として働いてもそう。子どもがいなければ一月二百ペソ。でも子どもがいたら、同居させる分お金がかかるとして五十ペソ引かれて、生活なんてできない。子どもが奥様の小間使いをすれば月二十ペソもらえるけれど、学校にも行かせてもらえず勉強する間もない。

私ら先住民は、子どもを学校に行かせたいと思っている。親のようにならないよう、なにかを学んでほしい。私だって勉強したいけど、家事と育児で、ほとんど無理だね」

マリアは働きづめだ。「洗濯をして機織りをして町で売り子をして、家事や育児をして、遠くまで洗濯の仕事に行って、それからズボンの継ぎ当てなどの繕い仕事もする。寝るのは夜十二時、十一時に眠れるなんてめったにないよ。朝食のしたくのために、朝五時半に起きなくてはならない。それから子どもを学校にやって、民芸品売りに出かけるのさ。警官がやってきては『ここから出ていけ。お前たちをここで見たくない。何を言っても聞かないなら、追い出してやる』と追いたてるけれどね」

サパティスタの影響

「紛争が始まった当時、ブラウスはものによって違いはあるにせよ、私の知る限り一枚につき二十ペソだった。最近では、もう少し上がって四十ペソになった」。しかし現在レアル・デ・グアダルーペ通りのみやげ物店では、材料をすべて与えて手間賃のみ支払うようになっており、十五日かかる刺繍ブラウスが二十ペソだ。遠方から来ても同じで、ほとんどがバス代に消えてしまう。マリアが言うには「チャムーラのものは手間が少ないからといって、十ペソしか払ってもらえない。ほんとうはチャムーラのものは鎖模様で、ほかのと同じくらい手間がかかっているのに」

「だから商品をただ同然で渡すのをやめて、自分で売ることにしたんだ。でも私たちはこの町でほとんど認知されない。州政府の継子のようなもので、〈後継ぎには金かけろ、継子にはかけるな〉ということわざのとおりだよ」

一九九五年六月二十九日、物売りの女性たちは市の中央公園で物を売らないようにと通達を受けた。翌日には出頭命令と撤去通告を受けた。通訳はいなかった。

その夜彼女たちは全員で市役所に向かった。市職員はレアル・デ・グアダルーペ通りならば売ってもよいと言う。彼女たちは「わかりました。観光客の流れが違うから、前と同じというわけにはいかないけれど、いいでしょう」と答えた。

すると、市側は意見を変えた。他の商人から苦情がくるかもしれないというのだ。結局サント・ドミンゴ教会かサン・フランシスコ教会の前に空き地があるか調べることになった。

彼女たちは気落ちして市役所を去り、同じ場所で売りつづけた。

あるとき市庁舎の前を通りかかると、コレタのグループが待ち構えていた。一人が叫んだ。「市庁舎のアーチに店を広げたら、髪の毛をひっぱって追い出してやる。私たちは正真正銘のコレタ、チャムーラやほかの村から追い出されてきたのとは違う。あんたたちはチャムーラなりなんなり、自分の村に帰ってちょうだい」

マリアはこの女性が誰か知っているそうだ。「ホセファという名の食堂街のリーダーだよ。彼女はここいらのボスだし政府にコネがあるから、だれも手がだせない」

マリアは正真正銘と自称するコレトの正統性を次のように解釈する。「コレトの家系図はあるだろうけど、それは正真正銘のコレトではない。私の死んだ祖父はサン・クリストバル出身で、この町はツォツィル語でホベルと呼ばれていた。スペイン人がやってきて土地を取り上げるまでは、たくさんの先住民がサン・クリストバルに住んでいたんだよ。よそ者はコレトの方さ。昔ここに住んでいたのは先住民で、スペイン語は話されていなかった。正真正銘というコレトたちは、私らが知っている二、三の言葉すら話せないのさ」

市庁舎広場から追い出されるとき、物売りの女性たちは言葉と腕力の暴力を受けたと憤る。マリアによれば「その数日前私たちを追い払いにやってきて、一人の若者が『ここにくそ野郎がいるぜ』とか『垢野郎』『くそったれ』と言った。だから『ずいぶんいろんなことを思いつくもんだね。でもあんたのやってることの方がもっと汚いんだよ』と言い返してやったよ」

そして「この世界できれいな人などいない。神の前に私たちはみな汚れている。毎日きれいに装うのは素敵だけど、心のなかはみんな汚れている」と話をまとめた。

マリアの人生

「私は八年前からサン・クリストバルに住んでいる。最初の頃は市場でトマトやチリ、タマネギ、それから作り方を教わってお菓子やケーキを売っていた」

「初めての日マンゴを持っていくと、市場の集金係がすべてぐちゃぐちゃに潰してしまった。次にトマトを持っていると、かごの中身をほとんどすべて地面にぶちまけられた。場所代を払わないと、私らには売らせないというんだよ」

一九九四年以来はっきりと目を覚ましたマリアは怒りをあらわに語る。「私たちを思うがままにしたいのさ。好きなときに木を切るみたいに、気が向くままに石ころのように扱いたいんだ。私らが状況を変えていかなくてはといまは思っている。世界一の愚か者だった以前のようにしていてはいけない。あの頃はろくに返事をすることもできなかった。彼らは私らを、自分の家畜みたいに扱ったよ。犬を叱ってびくつかせたり、薪を運ぼうとしないロバをぶつみたいに。あわれなロバが耳を動かして、もとの場所に戻るように服従するつもりはないね。先住民女性としての権利と、成長していく子どもたちを守らなくてはならない。子どもたちは勉強する必要があるし、学校にやるお金がなくても、どう教育するかを考えていかなくてはならない」

マリアは長男を学校にやっている。下の三人はまだ小さい。「息子は午前中学校に行っている。息子を六時か六時半に起こして八時までに一枚でも縫い物を仕上げさせなくてはならない。刺繍するのが子どもの役目なんだ。お金が一銭もないときには、午後ガムを売らせに公園に連れていかなくてはならない。そうすれば子どもが盗みを働いたり、泥棒の片棒を担ぐことがないからね。うちの子も他の子どもたちと同じように、きちんと勉強させてやりたい」

このささやかな家族にいくどお金が足りなくなったことか。「下の子三人の顔を呆然と見ていたこともある。トルティージャも砂糖もフリホール豆もなにもなくて、子どもたちにやれるものがなくなってしまった。結局ガムを一箱分売って、子どもたちに食べさせるために砂糖二百五十グラムにフリホール豆半キロ買ったよ。高くてそれしか買えなかったのさ」

マリアは女性たちに団結するよう呼びかける。「いつの日か、真の女性たちが団結して、市庁舎を壊すほどになると信じている。市庁舎を壊して、子どもの奨学金や子どもの数に応じた食糧援助を要求するのをね。

もし内職をやめて女中になったとしても、お給料はよくない。何年もしたことがあるけれど、気が向けばトルティージャ二、三枚か前日の残り物を投げてよこす程度だった。

私が育った村では、たとえチリソースだろうと、前日の残り物は決して口にしなかったよ。一週間以上前の干からびたトルティージャなんて目もくれなかった。私はフライパンに残ったフリホール豆や卵をもらっても食べる気はしない。村では、サン・クリストバルやトゥクストラで女中になったらそんなものを食べることになると聞かされていたよ。『粗末なフライパンが用意されるより、ここでとうもろこし汁を飲んでトルティージャを塩で食べるほうがいいに決まっている』と言われていた」

マリアは、子どもたちが教育を受けられるように努力しながら、親の仕事を伝えることにも気を配っている。「子どもたちには民芸品の作り方や、農作業、大工仕事など、自分で何でもできるように教える。種まきの準備や鍬を使えるようにね。私は裁縫仕事が終わると、急いで裏庭や畑の土を整えて一緒にフリホール豆を植えるように言う。一つ一つは小さなことでも、鉛筆だけ持って満足して、指先で仕事をするような間違った道を進ませたくない。子どもたちは畑についてなにもかも学んで、自分たちの親がどのようにしていたかをたくさん知らなきゃいけないからね」

ラス・マルガリータスの町を歩くトホラバル人女性

2　農園での生活

チアパス州に生きる先住民女性の過去を少し振り返ってみよう。まず、二〇世紀初頭に起きたメキシコ革命は彼女たちのもとまでは届かなかったと言われている。ラサロ・カルデナス大統領期に大規模に実施された土地分配ですら、チアパスでは申し訳程度に行われたにすぎなかった。

「一八二四年から一九〇九年の間に制定された農業法や改革法では、誰でも未墾地を買えることになっていたという。祖父たちは、それで持ち主のいない土地を買ったそうだ。だが哀れなことにどうなったか、休ませていた祖父の土地を見た白人《カシュラン》たちは、政府に未墾地と申請して買いとろうとした。昔の人は土地証書など持っていなかったので、取り上げるのはたやすいことだったのだ」（アナ・マリア・ガルサ他編『歴史の声』）

一八四七年州政府は、すべての先住民が村に定住することを法で定め、「それまで自由に使ってきた土地を農園主の手に渡すよう強制した」。引き換えにわずかばかりの荒地をもらって生き延びるには、農園主のために働くしかなかった。耕す土地すらない「小作人」には土地が貸し与えられたが、主人への債務にずっとしばられた。

この州の正当な住人は世紀を経るごとに追いやられ、彼らの土地はフィンカと呼ばれる大農園に吸い取られていった。新しい持ち主の労働者となって、現在まで続く負債農民として半ば奴隷のように暮らした。

負債農民は、安いだけでなく無料——これは女性の場合だ——の労働力となり、両親が負った債務を引き継ぎ、農園主に奉仕する生活を余儀なくされた。現金を手にすることはほとんどなかった。必要なものはすべて、農園主の店で法外な値段で買わされて農園にしばられていたからだ。

農民たちはなにをするにも、一族の偉大な首長である農園主に援助や許可を願い出なければならなかった。彼こそが医者の世話をし、気に入った娘がいれば結婚の祝福を与える者であるからだ……

一九一〇年革命ではなにも変わらなかった。地主は農民に土地を取り上げると脅して、反革命のために戦わせた。チアパス州知事には、この州で一ヘクタールたりとも土地を分配させなかったティブルシオ・フェルナンデス・ルイスが就任した。

農民は、自分で生活を管理できない未成年とみなされ、偉大な父なる農園主に従属し、年貢を納めるよう強制された。

アントニオ・ガルシア・デ・レオンはこう語っている。「農園では、植民地時代の制度がすべて縮小再現されていた。さらにチアパス全体が巨大な農園のようなものだった」

「それゆえ革命後よそからやって来た者からみれば、体制は植民地時代の完全な継続だった。アンダルシア風の長い廊下がある『カサ・グランデ』、恵みをもたらすセイバ樹の木陰の周りに集積する質素な小屋、とうもろこしを耕す先住民や貧しい非先住民（受け継いだ債務にしばられている）と、常にごう慢な態度で広大な地域の農民に支配力を誇示する『騎乗の人々』、つまり商人やカウボーイが作る社会、農園はあらゆる面でチアパスの縮図であった。地方ボスや農園主である歴代の州知事が結束して法を都合のいいように押し付け、『自由な』負債農民と先住民は実際には債務、恩義、共犯関係、年貢のおこぼれにあずかることで農園にしばられていた。長きにわたる憎しみが、爆発しては循環していた」

チアパスの農園では、はなはだしく家父長的な農園システムを浸透させるため、一種の「家族型共産主義」――ガルシア・デ・レオンの定義だ――が発展した。そこではどんなささやかな反抗だろうと、不服従に対する答えは山刀一振りの耳削ぎだった。世界に出回った絵葉書や歴史の本で、耳のない先住民の写真が見られる。

ガルシア・デ・レオンが引用したレオ・ワイベルはドイツの地理学者で、一九四六年にチアパスの農園における女性の役割についてこう記している。「農園主は家族の絶対的主人であり、すべての牧場主同様女性たちを大切にすることはほとんどない。主人は独りでテーブルにつき、女性や子どもは彼が食べ終わるまで外で待っている。労働者の妻の中には農園主の子どもたちの母親もおり、それはごく自然なこととみなされている。農園主は全員の父親のようなものであり、みなをあらゆる面で保護する。衣食住の面倒をみて、病気を治し、共に酔っ払っては彼らをたたくのだ」

女性が文句を言わずに無償奉仕し、新たな奴隷を産むために利用されるまぎれもない権威主義体制。密林にできた新しい村々にはこの生き証人がいる。ラカンドン密林の入植に乗り出した先住民の多くは、「農園主のために働く」ことから逃げ出したのだった。

サパティスタとなった村で政治意識に目覚めるのは、忘れられた者たちの中でもっとも忘れられてきた者、つまり女性の歴史の回復を意味した。

話を聞いたのは、アマドルというモンテス・アスレス自然保護区に作られた入植村でだった。小型飛行機を降りた後、うっそうと生い茂る熱帯林の踏み分け道を六時間歩いて、私たちはそのすばらしい場所に到着した。そこでEZLN先住民革命地下委員会の三人のメンバーが、武装の道を決意する闘志がわいたのは農園での経験からだったと語った。

「ここに来たのは三十年前のことだ。親たちが、奴隷のように扱われていたサンミゲルの農園を捨ててここに入植できることになったが、政府はすべての証書をくれたわけではなかった。我々が組織化したのは、政府のせいだ。一九七〇年にはこの地域を自然保護区にして、我々をここから追い出そうとした。我々は親のたどった歴史を繰り返したくないと思ったから、出て行くつもりはなかった。父や母は、農園で奴隷だったからだ」

EZLNのツェルタル人幹部は続ける。「我々には農園主にひどく苦しめられた年配女性の記憶がある。女性は夫の食事を支度するため、毎朝三時に起きなければならなかった。男たちが働いているあいだ、臼でなく石を使って家畜用の塩を挽かなければならなかった。老いた女性たちが、自らの薄幸と苦難の歴史を思い出し語りはじめたこと、それが我々の闘いに力を与えてくれる。この苦しみを繰り返すことはできない」

農園主の家では順番に週ごとの奉仕があり、女性は負債農民が自分の畑で働ける唯一の自由日である日曜日に「カサ・グランデ」に働きに行った。領主の初夜権は、当然とみなされていた。人類学者のアンドレ・オーブリイは、リキダンバルやプルシアのような農園では今なおその風習が残っていると明言する。「村では教師にさえその権利が与えられており、もし娘が学校に通っていれば、結婚するのに教師の許可を求めなければならない。オコシンゴの農園では、酔っ払った農園主が、娘を連れていったものだ」

一九九五年サルト・デ・アグアでは、牛や土地と交換にまだ幼い娘たちをものにした牧場主がうわさになった。両親はめったに抵抗せず、娘は好みも意見も無視されて商品のように扱われるのである。こうした反キリスト的なやり方をたしなめる司祭は、殺すと脅された。

『キパルティク——我々が農園を買った経緯』という本のなかで、一人の老いた女性がチアパスのどこにでもいるようなある農園主について次のように証言している。

「ドン・モクテスマはくそ野郎で女好きだった。気に入った娘がいれば望むものを与えた。それで妻がたくさんいて、うわさでは二十人いたとか、家が三十とか四十あったとかいうことだ。それぞれの家の女を訪ねなければならなかった……だが息子のドン・エルナンはそうではなかった。五人か六人妻がいただけだった。でもモクテスマは気にせず、気に入った娘をものにしたさ。もし怒ったら、『だまれ、売女め。お前に農園を一つプレゼントしてやろう』と老人は言ったものだ……」

季節労働者たち

農園には別のタイプの労働者もいる。コーヒーやサトウキビ、カカオの収穫期など人手が足りない時期にやって来る季節労働者だ。

先住民の多くは、たとえ農園に住んでいなくても、生活のため二、三か月は農作業か山仕事の「契約」をしなければならなかった。追放された者や土地なし農は、家族をおいて遠い地でお金になる仕事を探した。

手配師との契約は順守しないと刑務所行きか死を覚悟しなければならなかった。農園と村を結びつけるこの人物は、取り決められた給料に「契約金」もしくは前払金を上乗せした。契約を守らない逃亡者は、追われて捕らえられた。自由になるための保釈金は、農園で流す汗で支払うしかなかった。

ときには妻と子どもが夫について農園に行く場合もあったが、働くのは全員でも支払いは夫のみだったので、たいていは子どもとともに村に残って夫を待った。

伝統を重んじるチアパス高地のツォツィル人は、必要にせまられたときのみ仕事を探しに出かけた。そしてサン・クリストバルで悪徳手配師と契約し、農園に行き着くのだった。

すべては土地が不足しているせいだとヌエボ・ウイスタン村とヌエボ・マツァム村の女性たちは語る（アナ・マリア・ガルサ他著『スコプ・アンツェティク――チアパスにおける密林の女性たちの歴史』）。

「小さな頃から、両親の苦しみを見てきたよ。良い土地がないためにたいそう貧しくて、いつもお腹をすかせていた。食べる物といえばわずかなトルティージャだけ、ときには野生の草でしのぐこともあった。ボロをまとい、毛布もちゃんとした家もなにもなかった。

とうもろこし代を稼ぐために男たちは、いつも仕事を探しに出かけていた。実際、仕事をもらえるならどこでも構わず、しょっちゅう暑い土地のどこかしらの農園に行っていて、村に残るのは女こどもだけだった……

父さんがいない間、とうもろこしやフリホール豆の種まき、手入れなどかわいそうな母さんたちがめいっぱい働く姿を見ていた。私たちはまだ小さくて手伝えなかったから、母さんたちだけで働いていた。

土地すら持っていない親もいた。狭い小屋があるだけで、とうもろこし一本植えることもできない。そうした人は土地を借り歩く日雇い農民で、ほとんど一年中農園に行っては、幼い娘も含めた一家全員で働く。エスメラルダやプルシア、エル・カルメンなど農園はとても遠くにあるので、みんな家を閉めて汽車に乗って行く。仕事はコーヒー摘み。子どもたちが疲れ果てるようなとてもきつい仕事だ。賃金なんて取るに足りない額で、なんの足しにもならない」

しかし、貧困とアルコールで狂暴になった夫が出て行ってくれるとほっとする女性も少なくなかった。チャムーラのある土地なし農の妻が語る。「夫が農園に行くとせいせいしたよ、殴られなくてすむから。食べ物をなにも持ってこない。とうもろこしもフリホール豆も、肉も。殴ってばかりで。夫との生活は、とても悲しいものだったのさ」

一九七〇年代に入ると、農園主はもはや封建的な搾取システムを維持するのは不可能だと気づいた。サン・クリストバル先住民会議（一九七四年）以降、先住民が組織化し、賃金や生活条件など自らの権利を主張し始めた。特権を脅かす労働問題を避けるため、農園は次々と、労働力需要を最小限に抑えられる牧場に変えられていった。

人口増加に加え何千人ものグアテマラ難民が流入したことで、賃金はただ同然に引き下がったうえ、さらなる土地不足を招いて多くの男性が職を失った。

これは女性にどういう影響を与えただろう？　どうにかして子どもたちを養っていかなければならない女性の多くが、民芸品市場に参入することになった。

男性にとって、これを受け入れるのはたやすいことではなかった。挫折してやけになった夫たちは、民芸品を取り上げては泥にほうり込み、市場に行く女性を売春婦呼ばわりして暴力をふるった。

二十年前アマテナンゴで、ペトロナという先住民女性が陶器を作る女性のための組合を作ったが、結局、村のボスたちに暗殺された。この地域の女性たちが立ち直って再び組合を組織したのは、サパティスタ蜂起後の一九九五年、チアパス州女性会議が開かれたときだった。それは遅々とした苦しい過程だった。今ではアマテナンゴの陶工の夫たちは、よその土地に仕事を探しに行くついでに、民芸品を担ぐようになっている。

ＥＺＬＮの女性革命法として結実するこの遅々とした解放へのプロセスは、西洋型の都市フェミニズムとはなんら関係がない。男女の関係を変え、労働市場への参入をめざした女性たちの組織化をうながしたのは、生き残る必要に迫られたからである。

キナル・アンツェティク組合が編集した『私たちの権利、私たちの習慣』という小冊子は、ある民芸品の作り手がどのように家庭を支える存在になっていったかを説明している。「家族のお金は、私と四人の娘が織物で稼いでいる。夫はいつも仕事がないとこぼしていて、一月に持ってくるのが三十ペソということもある。家には子どもが九人いてそれでは足りない。すると夫は腹をたてて、私のことをただの女で何の価値もないと言う」

経済危機から逃れるため民芸品を売り始めた女性は、さらに組合を作った。土地不足に起因する農園への隷従から逃れるため、女性は新たな生き残りの道を模索し始めた。そして家族とともにラカンドン密林の入植へと旅立っていったのである。

グアダルーペ・テペヤック村の人々

3　ラカンドン密林への入植

グアダルーペ・テペヤック村を建設した四家族が初めて密林にたどり着いた当時、あたり一面うっそうとした緑に覆われていた。その光景は、農園で酷使されることに疲れてやって来たトホラバルの人々が直面するであろう、荒涼とした生活を物語っていた。最初の入植者のうち、生き残っているのは老いた女性ばかりである。

一九九五年二月十日――密林の一角に住み始めて半世紀余り――、政府軍の侵攻によって山に逃れなければならなくなったとき、村を去ることに誰よりも苦しんだのは彼女たちだった。何百人もの政府軍兵士がヘリコプターから降り立ってグアダルーペ村に侵入した。村の人々が避難していた国際赤十字の病院にも、武器を持った兵士が押しかけた。

すべての家や小屋が詳細に調べられている間に、年寄りも含め村人たちはみな村をあとにした。つまり軍が押しつける「社会奉仕」や「秩序の回復」から逃れるために、山への逃避行を開始したのである。

ドニャ・エルミニアは百歳くらいだろうか、やせこけてかさかさになったしわだらけの身体で逃避行を耐えぬいた。青い瞳は驚くほど生き生きしていて、まるで少女のようだ。歯は抜け落ち、脚は棒のように細い。トホラバル人らしい褐色の肌は、大地のように溝だらけである。

三日三晩歩き続けるほどの体力はなかったため、息子たちが枝で作った即席の担架で担いで連れていった。

私たちにとってエルミニアは会うべくして会った女性だ。グアダルーペ村の人々が避難した場所を訪ねたときのことだ。彼らが村をあとにして二週間経ち、密林の片隅にどうにか落ち着いた頃だった。私たちは、子どもや女性たちと話しながら、避難の証言を集めて回っていた。私の関心は、母親になったばかりの女性たちだった。まだ幼い彼女たちは、逃避行の直前もしくは数日歩いた後、あるいはこの場所に着いてから出産したのだ……赤ん坊は無事だった。この村の人々の生命力、闘いの粘り強さには驚くべきものがある。

帰り支度をしていると、一人の男性が近づいてきた。

「ドニャ・エルミニアとはもう話したのかい？」

「ドニャ・エルミニア？」

「村で一番思慮深い人だよ」

そして彼は一つの小屋を指差した。

中に入ると、薄暗い部屋のなか、板のベッドに休んでいる一人の女性がいた。頭にバンダナを結び、花柄のワンピースを着ている。上体を起こし、グアテマラのカラフルな毛布を脚にかけていた。カップのコーヒーを少しすすって、女性であり、母であり、祖母、曾祖母である百年以上を経た体で、ものめずらしそうにこちらを見た。心のこもったあいさつの後、骨張った手を伸ばして布と髪を整えてため息をついた。

そのため息と、私たちに向けられたあたたかい視線が、すべてを物語っていた。具合こそよかったものの、自分の家からこんなにも遠く離れて！

「ここで私らは悲しみにくれている。脚が痛んで歩けないから、担いでもらってここまできた。とてもつらい。誰もかれも幼子さえ、わずかばかりのトルティージャしか食べるものがない」

エルミニアがいる小屋では、他に十家族余りが寝泊まりしており、男が休める場所はほとんどなかった。つまり彼らは外で夜を過ごすしかないのである。

八十歳は超えていると思われる娘のソライダは、母親よりもさらに悲しみに沈んでいるようだ。どんな思いで村を後にしたかを語っているうちに、涙があふれ出る。「かわいそうなお母さん、みんなで担いで運んだんだよ」とすすり泣いた。

ソライダも高齢だが、安全な場所に着くまでの四日間をみんなと一緒に歩いた。背がかなり高くやせ細ったこの女性は、丈夫で健康に恵まれているようだ。逃げるときなにも持てなかったので「洗ってまた着るしかない」空色のワンピースを着ている。甘くやわらかな声で、幼い子どもたちのことをひどく心配する。私たちがこの密林の避難所を初めて訪れたとき、ソライダは孫の着替えがないのを嘆いていた。自分の運を信じられなくなっていた。「もう一人の仲間」ドニャ・チョレとともに、なぜ苦しむことに疲れたかを語ってくれた。

グアダルーペ・テペヤック村で人生を切り開く

かくして、彼女たちの半生記、グアダルーペ・テペヤック村に落ち着くまでの物語が始まった。チョレが語る。「私はサンタ・イサベルという小さな農園の出で、ソライダと同じく正真正命最初の入植者だよ。死んだ亭主が言ったのさ、農園では食えないとね。子どもたちが大きくなったらどこで働くというのだ、おれがどこか見つけて来てやるって。あんたがどこへ行こうとついて行く、なんで子どもたちと残らなければならないのよと私は答えた」

ソライダが語った。「私もここに来た最初の家族で、子どもを一人担いで来た。残りの子たちはここで生まれた。あっちにはとうもろこしを植えられる土地がないから、わずかばかりの土地を探しに行こうと父さんたちが考えたのさ。それでこの低地にやってきたけれど、暑くてとても住めたものではないと聞かされていたから本当は来るのはいやだった。でも農園に残ったら子どもたちの働ける場がないと父さんに言われて、この聖なる場所に来たというわけさ。今起きていることは、あんたも知っているとおりだよ。

その当時、このあたりで人の住んでいる場所はエル・アネクソ・デル・カルメン村くらいだった。

ここに来て掘っ立て小屋を建てて働き始めた。農園を出たのは、小作人の仕事は自分たちのためにならないし農民の仕事ではないと考えた人たちだったよ」

先住民、土地なし農、農園にしばりつけられた者は、ラカンドン密林の国有地に入植を始めた。先に入植の権利書を手に入れている場合もあったが、そうでない者は、その手続きをしながら土地を耕していった。グアダルーペ・テペヤック村は後者だった。ソライダは次のように語る。「私はエル・ポルベニールという農園で生まれた。両親は週日ずっと農園主のために働いて、自由になるのは日曜日だけだった。それで両親は数家族とともにこの土地にやって来て入植村を作ることにしたのさ。だんだん家族が増えて村が大きくなりそれからもっと人がやって来て、土地を合法化するのに政府ともめるようになった。叔父さんが土地を要求したときには、鉄砲玉をくらったよ。四十二年前のことだ。以前に家を建てるために地ならししようと山を少しばかり切り開いたことがあった。それが罪になるという話だった。叔父は銃で撃たれたけど、死にはしなかった。刑務所に二人も入れられたり兵士たちが来たりで、ひどいものだったよ」

ドニャ・チョレは気丈な女性で、まるで他人事のように話す。「村を作るのは大変だった。なぜ希望もなく家畜みたいにほっぽられなけりゃならなかったのさ。私の夫も軍に鉄砲玉をくらったことがあったよ。いきなり家に入り込んで発砲したの。私は息子たちに、動かないでベッドでじっとしているように言った。どうすることもできなかったけれど、やつらを怖いとは思わなかったから言ってやった、どんな令状を持って来たのとね。なぜ先住民をそんな風にみるのさ、私たちに何しようって言うの。入植許可のことなら大統領に聞いてごらんってね。でもやつらはお構いなしに発砲した。弾が亭主にあたってそれを申し立てにラス・マルガリータスまで行って、やっと決着がついたのさ。

土地を開墾しようとして、刑務所に入れられた人もいた。最後にはみな土地を持てたけどね」

密林のとある場所で、政府軍に村を占拠された悲しみを気丈にこらえながら、二人はグアダルーペ・テペヤックと呼ばれた村の思い出話を続けた。「男たちが密林を伐採してわずかばかりの土地を開墾する間、食うや食わずの生活だった。フリホール豆もコーヒーも塩さえも、何もなしで暮らしていた。あまりにも長い間我慢してきたから、もう苦しむのはいやなのさ。しかも苦しみは増すばかりだ。

夫たちが次々と熱にやられて死んでしまった。病気が移ったって治す手だてはなかったよ。女と子どもばかりになってしまっても、残ったのは女と、親の手伝いはまだできないような幼な子ばかり。それから行き場のない人々がやってきて、少しずつ仲間が増えていったのさ。私たちはたしかに貧乏で、他になにもなかったけれど、でも少なくとも土地は持っていたんだ。

未亡人になったとき、そばに小さな農園があったから、コーヒー摘みに行ったものさ。一荷につき二レアル支払われた。そこで稼いでは子どもたちの衣類を買っていた。入植した頃もつらかったけれど、今になって別の苦しみを味わうことになろうとは」

ソライダが再び泣き出した。ＥＺＬＮの声明ではないが「六万のオリーブ色の軍服」が、反乱のとりでとみなされているグアダルーペへの帰郷を阻んでいる。村のみなと同様ソライダも、サパティスタ運動の正しさを一瞬たりとも疑いはしない。兵士が彼女や息子たち、ひ孫たちをおびえさせていると断言し、政府軍の撤退を求めている。人生に試されるのは入植当時だけで充分だと何度も繰り返す。なんという苦難を経てきたことだろう。「危険が再来して、苦しみが繰り返される。フリホール豆もコーヒーもとうもろこしもとれず、衣類も賃金もなかった小さな土地にやってきたのは、結局苦しむためだったというわけさ。植えた木がまだ小さくてなにも買えなかった頃、服はつぎはぎだらけで、洗ってはほころびに端切れをつけていた。あの頃と同じさ」

この女性たちが密林の一角にやって来たときに出会った生活環境を、想像できる人がいるだろうか？　自力で子を産み、その子を背負ってどうにか食べるものを確保し、肉体労働のきつさに打ちのめされている夫を助け、彼らが病気で死んでいくのをなすすべもなく、自分たちの価値観とはかけ離れたところで見守らなければならなかったのだ。

男たちは原生林を開拓した。女たちもまた、ひどい物不足を補う道を探して、ゼロからスタートしなければならなかった。「前は石けんすらなかった。セッケンボクの葉と長めのさやインゲンをおけの中で粉々にして、衣類を洗っていたよ。農園にコーヒー摘みに行っても賃金が安かったから、一かけらの石けんすら手に入らなかった。でもどうしようもない。幼い子を抱えて、少しでも稼がなければならなかった。他の人たちもそう。私たちはこの聖なる地で同じように働いた。入植した四家族みんなでね。やってきたばかりの頃は本当に何もなくて、自分たちの運命を嘆いたものだよ。

台所道具すらなくて、食器を砕いて土なべを作ったんだ。道具は住んでいたところから持ってきた山刀だけ……」

この老いた二人のトホラバル女性は、密林を開拓するという重労働を一言で片づける。「私たちはグアダルーペ・テペヤックで人生を切り開いたのさ。そのためにもう充分苦しんだ。こうやって未亡人になった後ももっとつらいことが起きて悲しい思いをしている。今その聖なる地に居座っているのは誰だい」

チョレはしっかりした女性で、必要以上に愚痴ることはない。ほかの四十人の避難民とともに寝起きする壁のない掘っ立て小屋で、話をこうしめくくった。「神様がお与えになった運命は確かなものさ。人はこの世で辛抱しなければいけないのだから。私たちのことで、本当に苦しまれたのは神なのだから……」

大地の果て《エル・アラン・キナル》へ

密林の地への先住民の入植は、一九四〇年代、六〇年代、七〇年代にピークを迎えた。いまや「紛争地域」「サパティスタ地区」などと呼ばれるこの地域には、十五万人以上が暮らしていると推定される。

「なぜここに来たかって？　もう少し満足に食べられる土地を探しにさ。本当に貧乏にあえいでいたからね……それもこれも土地がなかったせいさ。十分な土地があったなら、苦しみばかりのこの地になにをしに来るっていうんだい？」（『歴史の声』）

搾取、飢え、家族を養えるだけのとうもろこしを植える土地すらないことに疲れ、男たちは決心したのだ。

入植に伴う困難や周囲の敵意に立ち向かうため、入植でできた新しい村は非常に強い結束力を持った。克己心、生きるためにあらゆることに立ち向かう闘争心が培われ、それがサパティスタ民族解放軍の培養基となってきたのだ。密林にはさまざまな民族が集まって村を作り、ツォツィル人とツェルタル人、ツェルタル人とトホラバル人などが結婚する場合もあった……。こうしたカップルの間では夫の言語で会話がなされたため、多くの女性がバイリンガルになった。つまり「社会的に」それを強制されたわけである。

また、収穫物の売買や権利交渉、農民闘争への参加などのためにスペイン語を学ぶことも多かった。女性は、モノリンガルであれバイリンガルであれ、スペイン語をめったに話さない。できるにもかかわらず隠すことがめずらしくないのだ。トホラバル人は、農場やコミタンの谷間で非先住民と契約するのにもっとも慣れた人々であり、スペイン語を話す女性の数が一番多く、同じようにラカンドンに逃げ込んだ貧しい農民であるたくさんのメスティソと共存している。

密林では、一致団結して「人生を切り開く」共同作業をしなければならなかった。指導者になった多くの男たちは、いくつもの言語を話す旅人となった。女性にとっては多くの場合、密林はこれまで培ってきた人生の確固たる規律を壊すものでもあった。

チアパス大学の研究者たちが、ラス・マルガリータス行政区のヌエボ・ウイスタン村とヌエボ・マツァム村のツォツィル人、ツェルタル人の女性を対象に行った聞き取り調査がある。彼女たちは近隣の農園から来たのではなく、チアパス高地からやってきたのだった。高地での貧困は頂点に達していて、夫は農園と季節労働者の「契約」をするしかなかった。

『スコプ・アンツェティク――チアパスにおける密林の女性たちの歴史』と題されたその本のなかで、彼女たちは入植の経験を次のように語っている。

「どっちがましかなんてわからなかったし、寒い土地に慣れていたから、自分の家を離れたくなかった。

『母さんを置いていきたくない』とか、『あっちの水はこわい』と言う女性もいた。

『私は行かない』と言ってみたけれど、男たちが国有地に行くと言い出したからには、結局どうしようもなかった。『来たくなければ、ここに残るがいいさ』夫たちはみなそう言った。無理矢理連れてこられた女性もいた。実際、喜んで来たのはほんの一握りだった」

夫を止めるなどできるはずはなく、この冒険に参加するしか道はなかったのだ。

「いろいろなものを担いでいったものさ、家族が多ければ、息子を片腕に一人、首からもう一人担いで、少し大きくなって自分で歩ける子の手を引いて行ったんだ。サン・クリストバルまで出て、そこから車でコミタンまで行った。後でそう聞いたんだよ。通った村の名前なんて知らなかったからね。

そこでまた乗車券を買って、道がなくなるまで旅を続けた。目的地まではバスが通っていなかったんだ。山の中で過ごしたけど、なんという山だったかは知らなかった、ただ長旅だったのを覚えているよ。三、四、五日も歩き続けた（……）女は遅れがちで、迷いそうだった。ひざまでの泥で早く歩けず、泣きながら進んだ。子どもたちは足が埋まってしまって、一歩ごとに助けてやらなければならなかった。暑さに乾いて、死んでしまいそうな思いでやってきたのさ。木陰を探しても役に立たなかった。世界が焼けるようだった（……）

一番つらかったのは、川に着いたときだ。こわくて泣き出したものさ。大きいし緑色にみえたし初めて見たから、死んでしまうのではないか、魚に脚を食われるのではないかと思ったんだ。ほとんどの人は帰りたがったけど、それはできなかった。それでショールで顔を隠し、夫にしがみついたり、つばを飲み込んだりした。そうやって勇気を得て助かったのさ」

高地から密林にやってきた先住民の多くは、それまで村を出たことがなく、自分たちの住んでいる場所と、せいぜいサン・クリストバルまでが世界のすべてで、気候は穏やかか少し寒いくらいだった。密林では、奥に入るにつれ暑くなり、草木はうっそうとし、空気が変わってくる。彼女たちにとって密林への旅は苦難に満ちたもので心に傷を負うことも多かった。「蚊だらけだったし、ヘビやそのほか山の生き物が恐かった」からだけではない。

それよりも、突然親戚や隣人たちから遠く離れ、これまでの習慣、なじんだ風景から切り離されたショックが大きかったのだ。出身地から聖人像を担いで密林にやってきた集団もいたが、新しい村には、聖像も教会も聖なる場所もない場合がほとんどだった。しかもこの風土では、伝統衣装である厚手のウールスカートは息が詰まる代物だった。だが羊も織物用の羊毛もなければ、薬草もなかったのだ。

約束の地に来てみると、場違いに感じられた。「お前を元の場所に帰しはしない。ずっとここにとどまるんだと夫に言われて、私たちあわれな女は泣く泣く残った。病気にかかった者も多かったし、心労のあまり死にそうになった。

そんなふうにあらゆる苦しみを耐えながら過ごした。あっちに残してきた家族がどんな病気になったかすらわからず、話もできないままに亡くなってしまうこともあった。というのも私たちは遠く離れてしまっていたから、寒い土地に残った者のことは、もう死んでしまったと聞かされるまで確かめられなかったのだ。二度と会えなかった」

そして孫娘が反乱軍兵士となった

密林へ移住した先住民は、自由とわずかな土地を手に入れたものの、物不足の生活は相変わらずだった。とくに不便な地域では、病院、学校、店舗、交通機関といった設備の欠如が深刻であった。グアダルーペ・テペヤック村出身のトリニダー司令官は、一九九五年五月のサン・アンドレス交渉の際、次のように語っている。「私らにはもう主人はいなかった。でも貧しさでいったら、以前と変わらず、そこから闘いが生まれた。私たちの声はどこにも届かず、見捨てられたままだったのだから」

彼女は、息子や娘たちを武装闘争に送り出した世代に属する。反乱軍は基本的に若者で構成されており、多くは密林の新しい村で極貧の中生まれた者たちである。

シルビアはEZLNの大尉で、十八歳のチョル人だ。密林の小さな村で生まれた。彼女の両親は入植第一世代である。シルビアは幼少期をほとんど覚えていない。だが過去の歴史から闘うという天命が生まれたのを知っている。

「兄弟は四人くらいいたわ。畑で働いていて、勉強をしたことはなかった。村には掘っ立て小屋の校舎があって、先生がときどきやってきたけど、ただ話をするだけで帰ってしまい、授業はしなかった。私の村はとにかく貧しくてなにもないの。私は、母の手伝いをしていたわ。お金もなにもないどん底の生活だった。子どもが病気になっても行くところがない、道路も医者もないのよ。病人が出ると担いで八時間歩いて連れていくの。死んでしまうわ。熱病や治せるはずの病気の人たちが死ななければならないなんて不公平よ」

女性はただ家事をして薪を担ぎ、トルティージャを作り、食事の支度をし、夫の畑仕事を手伝い、子どものめんどうをみるばかりだ。村の集会に参加するときもあるが、全員ではない。

「武装した組織、EZLNの存在を知ったのはずいぶん前のことよ。よそから来た人が話してくれたのがきっかけで、EZLNが掲げる十一の項目について考えるようになった。だからここに入隊することを誇りに感じたの。好きだからじゃない。みな政府、権力者たちに搾取されているから来るのよ」

武装闘争の思想は、密林の渓谷に浸透し、深く根をおろした。政府の容赦ない弾圧や暴力はむしろ、自衛が唯一の選択肢であるという考えを広める結果となった。シルビアはこの過程を体験した。

「私の村では、全員がEZLNだったわけではなく、一九九〇年に裏切りが起きた。五百人くらいの軍隊がやって来て、村中を調べ、武器を見つけたわ。軍は誰が指導者で、誰が村を仕切っているのか知りたがった。一人が口を割って、名前からなにから全部話してしまった。何人もの人が逮捕されたわ。逃げられた人もいたけれど、指導者は連行されて、二度と戻ってこない人もいる。逃げられても、山狩りがあって、いたるところで発砲があった。殺したのよ。二度と会えなくなった人たちがいるもの。

アスセナ――仲間の反乱軍兵士――と私は、サン・クリストバルの避難所にかくまってもらって、軍に見つからずにすんだの。町で働いているあいだ、これからすべきことをじっくり考えたわ。そして武器を取るため山に行かせてくれるよう頼んだの。私がしようとしているのは犠牲行為だということはわかっている、でももう決心はついていた、だからここにいるのよ。それ以来、一度も家族に会っていないし、家族は私がどこにいるかも知らない。今は政府軍が村をコントロールしているわ。

私はEZLNにいることを誇りに思っている、必要なことだから。しかもここでは勉強ができる。家では食事の仕度など家事をするばかりで、何も学べない。だから村のためにもここへ来て武器を取った方がいい。以前はスペイン語を知らなくて、チョル語しか話さなかった。何もかもここで教わった。今はそれを発展させつつあるの」

住んでいた家々を燃やし倒壊させた政府軍の襲撃を、アスセナはシルビアとともに経験した。その時以来、その若さにもかかわらず、アスセナは反乱軍兵士になりたいと強く思った。「深く考えたわけではなくてただ参加しただけ、即決よ。三日間ほど民兵をして、それからここに送り込まれた。私は十八歳で、EZLNには三年いると思うわ。お金のために闘っているのではない、武器を手に蜂起しているの。大変だけれど、自分たちが必要とするすべてのもの、村の幸福のために決意したのだから心配はしていないわ。武器を取れば、政府は私たちを理解するかもしれない。他に道はなかったの」

一方エリサはツェルタル人の大尉だ。密林ではありふれた耐えがたい貧困下にある新しい村の出だ。一九九五年当時二十三歳の彼女は、次のように断言した。「EZLNに入って五年、村のことを考えて入隊する決心をしたの。以前は、武装闘争で村を発展させようとしている仲間たちがいることも知らなかった。でもそれを知ってからは、戦争の準備をするために山に行って、EZLNの軍に入ろうと決めたわ。

好き好んで反乱軍兵士になる人はいないけど、この状況にあっては、村が必要なものを手に入れるために私たちが努力して、耐えていかなければならない。組織を作ってデモ行進や座り込みをしても何一つ決して解決しなかったのを、何度も目の当たりにしているのだから。だから武器を取った方がいいの。そのために山にいて、苦しくてもすべてのしようもないことを我慢しなければならない。一晩中歩けという命令がくれば、寒さ、眠気、雨を我慢するわ……」

死について

二十九歳の反乱軍少佐アナ・マリアは、一九九四年二月二十七日サン・クリストバルで行われたインタビューの中で、「死が恐くないのか?」という質問に次のように答えている。「私たちは死をなんとも思いません。自分たちはもういない者と考えているからです。私たちの存在は無視され続けてきました。飢えと病気の村には、たくさんの死があり、常に戦時中のようでした。今もし私たちの命を奪えば、私たちは死ぬでしょう。死者がでるのは……、確かにつらいけれど、誰かが死ななければならなかった。この国にない自由と正義を勝ち取るために、誰かが命を差し出さなければならなかったのです。私たち女性は、闘いに信念を持っており、死ぬのを恐れません。コレラやはしか、破傷風など治せる病気、もはや存在しないと政府が言っている病気で子どもたちが死んでいくのを見る方が、よほどつらい。私には子どもはいないけれど、腕のなかで二人の女の子を看取ったことがあります。先に母親が亡くなり、その子たちに与える食べ物がなくてどうすることもできませんでした。不公平にも何千人もの子どもたちが同じように死んでいった。私たちが、何の成果もないまま平和的手段で闘っている間に、あまりにも多くの子どもたちが死にました。病気が席捲し、年を追うごとに村の墓地は大きくなっていく、それはとてもつらいことで、だから私たちは決意したのです」

マリベルという二十六歳の大尉は断言する。「実際この地域の村では、下痢、嘔吐、発熱などで簡単に死んでしまう。だから私たちが言いたいのは、もっともつらい生活は反乱軍兵士になることでも民兵になることでもなく、苦しみ、不公平、教育の欠如、食料不足に耐える村人の生活なのよ。それこそがもっともつらい、一日で終わることではないから。それにひきかえ私たちの生活はたしかにきつい。歩いたり走ったり、跳んだり闘わなければならないわ。でも村人とちがって、ずっと続くわけではない」

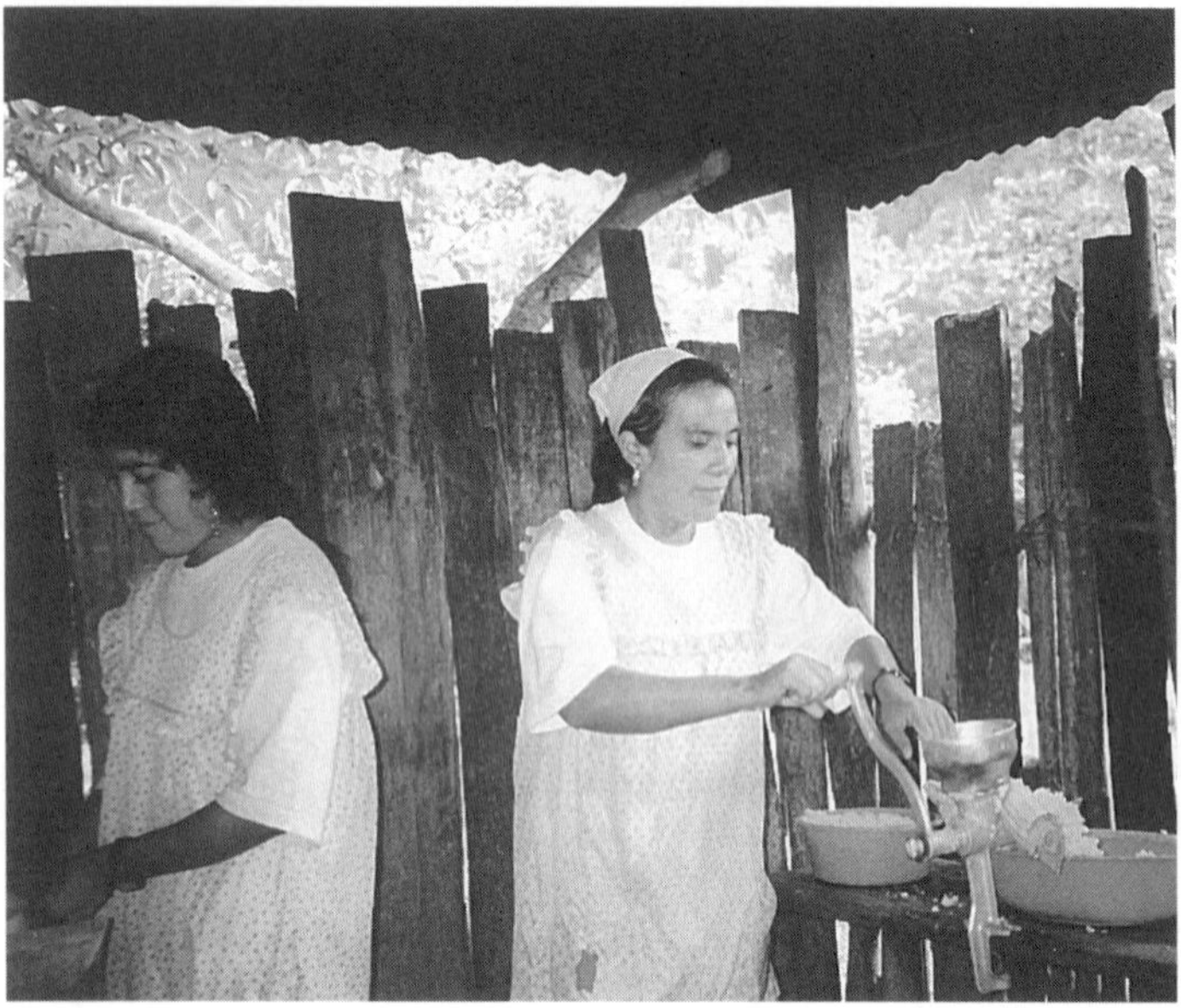

ラ・レアリダー村にて．トルティージャを作る女性

4　密林の夜明け

一九九四年四月。ラカンドン密林で夜が明ける。木々と緑に囲まれた木造の小屋。伝説的なセイバ樹の上で、鳥たちがさえずりはじめる。やっと朝の六時になったばかり、風景がゆっくりと眠りから覚め、目をおおう霧が晴れて、太陽の光が差し込んできたようだ。夜が隠したものたちが、姿を現しはじめる。鳥や小動物たちが再び沈黙をやぶり、緑色が魅力を取り戻す。小屋ではラジカセがつけられ、例によってクンビアが流れ出す。「僕は幸せ、僕は幸せ、恋してるから……」。歌は続く「ロナルダ、ミニスカートを脱ぎなよ……」

小屋で寝ていた者たちが動き出す。約四メートル四方の狭い空間だ。そこに、釘を使わずにわらや蔓でとめられ、板でできた粗末なベッドがある。弾薬帯や銃などさまざまな武器が、壁にかけられるか、持ち主の横に置かれている。地面は長靴でいっぱいだ。たいていは、ボロボロになって修理された古い長靴だ。小屋の暗がりの中、上体を起こした若者たちの声が聞こえる。笑い声や怒った声、女性の声もある。彼らは軍服を着たまま、毛布をかぶって寝ていたのだ。長靴をはいて肩に銃を担ぎ、外に出るだけですむ。

十九歳のハンサムな若者、ルシオ中尉が現れる。笑顔で髪をかき、帽子を整えて隣りの小屋に入る。ぴったり合わない板と黒ずんだわらの屋根でできた台所だ。黒と茶色に身を包んだ若者が二人、また小屋から出てくる。くしを手にした二人の娘だ。黒曜石のような長い黒髪が、軍服にかかっている。リゴベルタは、カラフルなビーズの首飾りをしている。コンスエロは、イミテーションの長いネックレスをいくつか下げている。彼女たちは、話しながら髪を前にたらし、とかしてから三つ編みにする。赤やオレンジのキャラメルみたいな玉が、制帽からたれる三つ編みを飾る。

イルマ大尉が、無線ラジオの前に座っている。リゴベルタとコンスエロは彼女に近づいて気をつけの姿勢をとり、軍隊調に左手であいさつする。

「おはようございます、大尉」

ラジオから流れる声に集中しているイルマは、なおざりに返事をする。

「よろしい、おはよう」

イルマは二十八歳、チョル人だが少々そばかす顔だ。瞳は黒く輝いている。大尉を務める大人であると同時に子どものように無邪気で、生きる意欲にあふれている。

オコシンゴ占拠の時に警察から「取り戻した」軽機関銃を身につけている。すでにサパティスタだった兄弟がいたためにEZLNに入った経緯については、後に語ることになる……

「村では、どの家も貧しくて子だくさんだったから、まったく知らないうちに結婚させられそうになった。それを知ったとき、家を出てここにとどまることを選んだの。私はまだ子どもだったし、その男のことは好きではなかった」

台所になっている暗い掘っ立て小屋では、二人の軍服姿の若者が朝食の支度をしている。彼らの銃は、鍋用の釘にかけてある。二人はみなよりずっと早く起き、薪を探しに出かけてかまどの火をつけた。それから最寄りの泉で水を汲み、フリホール豆、コーヒー、米の支度のためにお湯を沸かした。今日は、彼らが食事当番だ。食事の支度は当番制で、男にも女にも回ってくる。サパティスタではなくて家に住んでいた頃には、男がトルティージャを準備するためにかまどに近づく姿など、見たこともなかった。今は七人の女性兵士が眠っている間に、彼らが全員分の食事を用意する。

イルマが言う。「村では、家事をするのは女性なの。トルティージャ作り、洗濯はいつも女性の役目。でもここでは違う、男たちも働くわ。仲間たちはみんな、食事の支度をする」

彼女は食事当番がきちんと仕事したかを見張り、午後に準備するもの、特別なものがあるかを指示する。イワシの缶詰などだ。彼女の指示を受けるのは、若者たちにとって、いまではごく当たり前のことになっている。料理は好きではないが、軍人として、命令を遂行するほかないと言う。「正当な命令には従わなくてはならない」とレオネルは付け加える。

イルマの同僚はロランド少佐だ。EZLNに入隊して以来、なによりつらかったのは、フリホール豆の調理法を学んだときだったと言う。「密林で暮らすのは、最初は大変だ、環境に慣れなければばいけないしね。でも、きついことには慣れるものだ。僕にとって一番つらかったのは、食事の支度だ。フリホール豆を焦がしてしまったこともある。仲間たち全員に焦げたフリホール豆を配らなければならない身になってみてくれよ」

ロランドは、フリホール豆を調理できるようになるまで食事係を続けなければならなかった。そしてそれを成し遂げた。

朝の七時、サパティスタには違う時間だ。君の時間？　それともここでの時間？　と聞かれる〔メキシコはサマータイムを導入しているが、反乱地区ではそれを採用していないので、一時間ずれる〕。朝食の時間だ。小屋から十五人ほどの兵士が出てくる。そのうち二人が女性だ。帽子をかぶり、手と顔を洗い、髪を整えている。台所に入り、用意されたどんぶりをとる。乾燥したトルティージャは火であぶられ、スプーンとして使われる。ルシオ中尉が、全員にコーヒーを配る。メニューは次のとおりだ。米とフリホール豆、単調だが量はふんだんにある。特別の日には、手に入れば卵やツナ、肉が加わる。米がパスタに替わることもある。コーヒーとアトレを除けば、それがメニューのすべてだ。「今は食べるものがたくさんある。だが、山にいるときといったら、もう……」。若い中尉がつぶやく。

村の生活

キャンプの近くの村では、朝三時から多くの主婦たちが、とうもろこしの丸い奇跡を作るのに精を出している。トルティージャ、それは栄養源であるとともに宇宙観を表すすべての基本だ。何年もの飢えを静める丸い奇跡、密で温かく、黄色や白味がかっている。マヤの人々の太陽であり、女性の偉大な作業だ。

朝一時に起きることもめずらしくない。薪を探しに出かけ、かまどを炊き、水を汲みに行き、とうもろこしを茹でてから手でばらし、こねてトルティージャの形にして火にくべる。この作業に四時間かかる。それで、畑に出る夫が五時に起きだした頃には、すでに食事の用意ができているというわけだ。

チアパス高地を統括するアナ・マリア少佐によれば、先住民女性の一日は次のようなものだ。

「一日中働きづめです。農村の女性は、とうもろこし汁を作って男たちの朝食を準備するために朝三時に起きだし、薪が必要なら取りに行くし、とうもろこしが必要なら、畑から担いできます。野菜などを取りにいくこともある。子どもをおぶうか抱くかしながら、行ったり来たりして、食事の支度をする。月曜から日曜日の朝から晩まで、そうやって過ごすのです。男はまだ、日曜日にはバスケやトランプで気晴らしをすることができる。でも女は違う。毎日働きづめで、休む暇はありません」

彼女たちの気晴らしは？　「なにもありません」

アナ・マリアは続ける。「小さい頃から、弟たちをおぶってとうもろこしをつぶしてトルティージャを作るのや、家のそうじ、洗濯の手伝いを始めます。村に学校があっても、母親の手伝いをしなければならないからどうせ通えない。母親は、自分が外に出たり畑にいるあいだ赤ん坊のめんどうを見てもらうために、娘を家に置いておくしかない。一番上の娘は弟たちのめんどうを見るために学校をやめることになります。兄弟のめんどうを見て母親の手伝いをしなければならないから。私もそうしてきた。それが私の生活でした」

先住民の子どもは、ほんの幼い頃から働きだす。EZLNの衛生係で十九歳のノルマは、両親がコーヒー園に行くときには、母の背中からコーヒー摘みを手伝っていたと語る。「コーヒーの木を引っ張ったものよ、母におぶわれていたからね」

子どもたちは、遊ぶ代わりに働くしかない、人形ではなく生身の人間を扱うのだ。ノルマは、多くの娘のように、村での生活を思い出す。「四人の弟を風呂に入れたものよ。ご飯のめんどうも私がみた。母さんは、父さんや兄たちと一緒に畑に働きに行っていたから。それで私には台所仕事や、トルティージャを作るのが任された。でもすごく大変だった。子どものときは、どうやったらいいかわからないもの。母さんたちに少しずつ教えてもらって、できるようになっていったわ」

女性の仕事は女性に任されているようだ。台所仕事に、服、子ども、家の仕事。だが男の仕事は女もするし、必要とあらば子どもたちも手伝う。女性に課せられた「二重の仕事」が繰り返されるわけだ。

ノルマの経験談が続く。「まだ家にいた七歳か八歳のとき、父さんが言ったわ。お前はもう大きいのだから、仕事を手伝わなければいけないよって。それから私は山刀を担いで畑に行き、とうもろこしを収穫したり運んだり、とうもろこしやフリホール豆の種まきをするようになったの。男がやることは何でも同じように女もやる、畑でもね。畑が近ければ、家を出るのは朝六時。遠ければ、朝四時から夕方六時まで。戻ってとうもろこしを置いたら、水を運んだり、服を縫ったり、昼間できなかった仕事を女たちはしなければならない。寝る暇すらないときもある。夜十二時に寝ても、朝一時にはまた起きなければならなければ、もう寝る時間はないの」

ＥＺＬＮの村への浸透

四年前ノルマは家を出て、ＥＺＬＮに加わった。興味深いことに、最初にＥＺＬＮの闘いを理解し父親を説得したのは、母だった。この思想を家族にもたらしたのは彼女の兄だ。ノルマは語る。

「私が十二歳になったとき、長男である兄を通してＥＺＬＮのことが父さんの耳に入ったの。父さんにはなにがなんだか理解できなかった。母さんにはすぐわかって、少しずつ説明してくれた。それで父さんも理解するようになったわけ。夜十二時になると、いかに私たちが搾取されているかなど政治の講義をしてくれた。私がまだ子どもの頃よ」

ＥＺＬＮはこのように家族のつながりを核とし、村の協力で沈黙のうちに新メンバーの加入を確保しながら密林の村に浸透していった。それが地下活動の時期だった。ＥＺＬＮのメンバーを増やしていった十年に及ぶ地下活動。

武装闘争の支持者であれそうでない者であれ、沈黙した者すべてが共犯者だ。男も女も、子どもたちも沈黙し、一九九四年一月一日の蜂起を許した。

サン・クリストバルで発行されるエル・ティエンポ紙の編集長であり、アマド・アベダニョの妻であるコンセプシオン・ビジャフエルテは、名家出身のコレタで独特の考え方の持ち主だ。彼女は、まったく理想化することなく先住民を的確に表現する。「先住民は、決して非先住民を受け入れない石頭よ」。そして一呼吸置いて言う。「先住民たちが許さないことがあるとすれば、それは裏切りね。あなたは自分を売ることもできるし、立場を利用することもできる。でもしてはいけないのは、相手を裏切ったり、密告すること。そうしたらあなたを探して殺すからよ。先住民とはそういう人たちで、それさえしなければ、大丈夫。EZLNが十年以上も成長できたのは、この性質のおかげよ」

徐々に兵力を増やせたもう一つの理由を、EZLN機関誌『メキシコの覚醒者』一九九四年二月号のなかに見いだせる。「この点は強調する必要がある。市民秩序の問題のみを扱う組織ならば隠れる必要はないだろうが、軍に関わることはすべて沈黙の内に進めなければならなかった。たやすくはないが、やればできることを我々はチアパスで示した。反乱軍の創設と発展は、ただお互いに知らないだけでなく、同じ言葉で話すこともできないような非常に広範な何千人もの男たち、女たち、子どもたちが知るなかで、培ってきたものである。

何よりまず我々は、サパティスタの民たちと軍との深い融合を理解している。それをふまえて初めて、解放闘争の政治的方向を決めているのは反乱兵士だけではなく、村の支持を基盤にした先住民革命地下委員会であることがわかるのである」

EZLN形成期、密林に民衆のゲリラがいることは、公然の秘密であった。一九九三年五月、メキシコ軍特別部隊が、コラルチェン山地のラス・カラバサスで、偶然反乱軍のキャンプを見つけた。オコシンゴの広場の模型、軍服、マニュアルなど、そこで準備されているのがなんなのか想像つくようなありとあらゆるものが見つかったのである。

サリナス政府は、なぜゲリラを阻止しようとしなかったのか？　おそらく、数をみくびったのと、メキシコにも他のラテンアメリカ諸国と同じような問題があることを、世間にさらしたくなかったのだろう。メキシコは、米国、カナダと北米自由貿易協定を結ぶ準備を進めていた。EZLNのマリオ少佐の言葉を借りれば、「体面を汚すことなく」サリナスが歴史に名を残すための偉業だった。

蜂起の数年前から、サパティスタの軍服を着用していたと証言する兵士もいる。村に行くときには脱いでいたものの、移動中に、上から下までゲリラの格好をしたまま村人に出くわすこともしょっちゅうだった。地主や牧場主は、通報することにくたびれてしまった。中央政府も州政府も、事態を放置していた。だがサリナスにとってそのままでは済まなかった。任期があと一年というとき、忘れられていた者たちによる南東部で芽吹いていた不満が、激しく吹き出したのである。もう目をつぶることはできなかった。

EZLN：ステップアップのための唯一の方法

マルコス副司令官は、EZLNがこれほど広がったのは若い女性が相次いで入隊したおかげだと語る。「山暮らしに耐えられない人は、村に戻り、学んできたすべてのことを伝え広めた。おかげでいまや、犬も含めて村人全員がサパティスタだ」

チアパス高地一帯を統括する二十九歳のアナ・マリア少佐は、女性にとってEZLNとは何なのかを語っている。第一回和平対話の際、サン・クリストバルの教会で私たち四人の記者が行ったインタビューで、次のように説明した。「多くの女性たちがサパティスタになるのは、村にいては、なんの権利も持てないからです。教育を受ける権利も、自分が成長していく権利もない。目に包帯したみたいに、なにも知らずに、虐げられ、搾取されています。男が受ける搾取よりもっとつらい。さらにすみに追いやられているのですから」

すみに追いやられ、忘れられた者のなかでもっとも忘れられ、大きな悲しみのうちに暮らすのだ。ある雷の夜、雨期にはラバすら通れないような辺鄙な村の出身であるモイセスは、闘争に参加する理由を「子どもたちにとうもろこし以外のものも食べさせてやりたい。人間なのに、家畜以下の食生活だ」からと語った。彼の妻は子どもに食べさせるものがないと言っては泣くという。よしんば食糧があったとしても、毎日同じ物を食べさせなければいけない親の気持ちはどのようなものだろう？　貧しいがために、いつもと同じ古びた鉄板《コマル》と黒ずんだ鍋で、毎日代わり映えのしないフリホール豆、トルティージャを調理しなければならない。

犠牲になるのはいつも女性だ。自分の皿には少なく盛りつけ、栄養不足に悩まされる。ある村にロサリオという女性がいる。十八歳で、二度目の妊娠中だ。二歳になる長男にはいまも乳をやっている。幼子の貪欲な口に乳をあてがいながら、水や薪を運んだり、とうもろこしを粉にしたりして働かなければならない。お腹には、彼女の栄養をすべて吸い取る子が入っている。二人の幼子を養うこの女性の身体は、どうなってしまうのだろう？　何度妊娠することになるのだろう？　何度出産し、何度それに耐えられるだろう？　子どものうち何人が「無事にいられる」、すなわち六歳を超せるのだろう？

子どもが「無事でいる」のを見るのは、母親にとって大きな夢だ。周囲に対するささやかな勝利なのだ。それならば、病気になって治らず死んでしまう子どもたちは？　子どもを救えない女性たちの深い絶望は、反抗に変わることもある。フィリベルタは「もしこんなに貧乏でなかったら、息子が無事でいたなら。薬も医者も、栄養ある食事もなにもない。だから私は闘っているのだ」と語る。

これらに加え、先住民の村に根強く残るのが男性優位主義（マチスモ）の伝統だ。アナ・マリア少佐は指摘する。「マチスモのせいで女性はわきに追いやられています。村の仲間もそうだし、この国で同じように苦しんでいる女性は大勢います。実際には女だっていろいろなことを学んで、家事や育児以外にも能力があるというのに」

学ぶこと。それが鍵であり、EZLNが先住民の娘たちを惹きつけている大きな魅力なのである。兵士として入隊した者は皆、さまざまな民族が集まっている軍内部での公用語であるスペイン語を学ばなければならない。それは体制権力の言葉であると同時に、権力から身を守るものでもある。

EZLNに入れば、読み書きや歴史、政治を学んだり、他の先住民の若者と文化を守りたい気持ちを共有し、劇を上演したり、歌を作ったり、村のパーティーを盛り上げる「文化」担当であるさまざまな楽しい「若者グループ」に参加する機会を得られる。

サパティスタ軍では、女性が知的、精神的な指導力を発揮し、一様にそれを発展させる。リゴベルタなら「そして私たちはとほうもないことを学ぶのだ」と言うだろう。

イルマ大尉は語る。「村では、女は結婚するしかなくて、勉強するためにせよなんにせよ外に出たのは私だけだった。女には男みたいな知識はいらないというブルジョワと同じ思想によってね。EZLNでは平等なの。スペイン語もここで教わったわ。以前はほとんど知らなくて、理解はしても話せなかったし、読むこともできなかった」

二十三歳のラウラ大尉は、EZLNへの入隊を、進歩への渇望の第一歩だったと振り返る。「自分を磨きたいと思った。戦う術を知らなければいけないと。女性を組織するだけでなく、それ以上のこと、学んだり前進したりしたかった。私だけではなく、みなのためにね。山では歴史などさまざまなことを学んだわ。最初に教わることは、規則と規律、スペイン語の読み書きに会話、軍事訓練、武器の掃除や手入れ法……」

単に知識を学ぶだけではない。グロリア・ムニョス記者によれば、はじめて生理ナプキンを経験するのもEZLNだそうだ。二十歳くらいのアスセナという兵士はムニョス記者に、EZLNに入るまで、生理用ナプキンを見たこともなく「生理中に脚の間から血が流れるのは、すごく気持ち悪かった」と語ったという。

マルコス副司令官は、女性兵士で脱落する者はほとんどいないと主張している。おそらく、いったん違う生活を味わったら、村に帰り、家で女性に課せられた仕事に戻るのは魅力的でないためだろう。女性兵士でいる限り平等に扱われ、結婚も離婚も家族計画も自由にできる……夫や父親に従う生活に戻る気にはなれまい。

EZLNへの参加の仕方

『メキシコの覚醒者』第二号には、EZLNの支持基盤とはなにかが説明されている。「市民生活や政治のための組織と同じようなやり方で、戦争に備えて支持基盤が組織された。その役割は兵站、食料調達、情報、兵士募集など、サパティスタ軍の必要に応える後方支援である」

サパティスタの村で女性の役割は、とりわけ重要である。アナ・マリア少佐は、村の女性が果たした役割の大きさについて語っている。「EZLNが拡大し始めてから、安全の面で女性の役割はとても重要でした。村ごとに基地があって、ネットワークを持っている。安全を確認するのは女性の役目で、たとえば兵士が入ってくれば知らせるし、無線ラジオを持っていて、何か危険があったり連邦軍が移動したりしたら報告する。この任務を遂行するのが主婦たちなのです。一月一日、私たちが町を攻撃したとき、若い娘が闘いに行っている間、彼女らは村に残って子どもや他の人を守りました」

女性には他にもたくさんの仕事がある。ＥＺＬＮの仕立て場に行って兵士用の服をていねいに縫い上げたり、また武器の一部や弾薬その他戦闘に役立つ物を作るなど、武器製造にも多くの女性の手が関わっている。どの村の女性も、兵士であるなしにかかわらず、その仕事に携わったことがあるだろう。

マルコスはパイプをくわえながら、次のように断言した。「女性は、我々の軍の栄養源だ。子どもたちに闘いはいいことなのだ、続けなければいけないと諭すのは彼女たちである。家族がこっそり出かけるとき、かばうのは彼女たちである。我々を支え、食べ物を与えてくれ、トスタ一ダやフリホール豆を作り、黒砂糖を砕き、それを山の我々のもとに運んでくれるのは彼女たちなのだ。パーティーの際にはタマレスを作り、サパティスタにも用意してくれる。

我々が、大きな軍として生き残れるとすれば、それは彼女たちのおかげである。彼女たちのおかげで、我々は村に浸透できる。多くの場合、闘いに賛成するよう男を後押しするのは、彼女たちだったのである。女性はイデオロギーの面でも、また物質的、精神的支えとしても、ＥＺＬＮの中で重要な存在である。女性たち、母たち、姉妹たち、娘たちが我々とともにいれば、すべてを手に入れたも同然だ」

武装組織への参加の仕方はさまざまであり、そのすべてに女性の存在がある。一方に、ゲリラとして武器を持って密林や基地に暮らす、軍隊ヒエラルキーを持ついわゆるサパティスタ軍がある。他方に、先住民の村、地域の倫理を代表する男女から構成される先住民革命地下委員会がある。たとえば司令官であるスサナは、委員会の一人だ。彼女は、武器の扱いや戦略の建て方ではなく、女性組織での政治的手腕を買われて、ツォツィル人の村々の女性代表に選ばれた。一方マリベルは、軍事力、指揮手腕、知識を買われ、大尉の地位にある兵士だ。スサナの場合村に住み、ツォツィル語を話すすべての地域を訪問する仕事をしている。マリベルは、ノルマやアナ・マリアと同じようにサパティスタ軍兵士として山に住み、すべての時間を「武装革命」に費やしている。一般に兵士は司令官より若く、十六歳から三十歳くらいまでだ。委員会を構成する男女は大体三十歳以上で——すでに大人もしくは老人である——、彼らが全体の意見や村の決定をまとめて、それを命令の形で軍の最高幹部に伝える。

「軍のすべきことを伝えるのは、委員会です。たとえば、私たちが闘うかどうかは委員会が決めます。村でどうしてほしいかを相談して要望をまとめ、私たちに伝える。それを私たちが実行するのです」とアナ・マリア少佐は言う。

委員会や反乱軍の他に、メキシコ民兵軍というのがある。これは、武器の訓練を受け、必要に応じて反乱軍に参加する村人たちだ。民兵は、ふだんは村で農民として生活し、反乱軍の指示に従って、決まった軍事訓練を順番に受ける。一、二か月に一度、一週間を山の基地で過ごす。彼らが家に戻ると、別のグループが山に行く仕組みだ。民兵はサパティスタ軍の主力部隊であり、先住民軍の一兵卒といえるだろう。反乱軍とは逆に女性はほとんどいない。おそらく女性の場合、社会的に認められるためには、より過激でなければならないからだろう。兵士として生きるか農民として生きるか、そこに中間はなく、簡単に二つをまぜられるものではない。ズボンやブーツをはいてライフルを手にし、それからまた裸足に戻って献身的な妻としてトルティージャを作るなど、両立し得ないように見えるのだ。もちろん、女性兵士はみな、最初民兵として過ごした後、正規軍に残る決心をしたのであるが。

女性の参加がもっとも多いのは、サパティスタ支持基盤である。マルコス副司令官も語るように、そこでは村の母親、年老いた女性、娘たちが、非常に重要な役割を果たしている。集会に出て情報を受け取り、一定の仕事をこなすだけですむため、生活様式を変える必要がないからだ。

目出し帽姿のアナ・マリアが言う。「武器を取ることも闘いに参加することも、誰に強制されるわけではなく、自由意志です。自分の意志で闘いに参加するし、もし戦闘がいやなら他の方法で支援する。運動に関わらない人もたくさんいますが、別に問題はありません。参加したくなければしなければいいし、私たちはみんなのために闘うだけです。もし土地を分配することになったら、サパティスタだけにではなく、全員に平等に分ける。学校や病院など、全員に恩恵がいくようにする、それが私たちの闘いなのです」

私が知り合ったなかで、もっとも若い兵士は十五、六歳だった。もっと幼い子どもたちについてアナ・マリアは次のように語る。「現在民兵のなかには、子どもがたくさんいます。じっとしていられない八歳や九歳の子もいます。兵士をみると近寄って、武器をいじったりサパティスタごっこをしたりする。集会にやってきても、大きくなるまで武器をいじってはだめと言われるので、たいていの子はじれだすので、こちらが折れることになる。もちろん戦闘に連れて行くわけではないけれど。でもがんこに『行きたい』と言う子が多くて、サン・クリストバル占拠に参加した子もいます」

マルコス副司令官によれば、先住民の村では子どもも参加者であり、集会で寝なくなったときから、投票権を持つようになるのだという。

山に入る娘たち

アナ・マリア少佐は、ラモナ司令官とともに、サン・クリストバルの教会で行われた最初の対話に出席している。そのときに彼女は流暢なスペイン語で次のように語った。「EZLNに入ったのはまだ幼いとき、十三歳くらいでした。家を出て、武装組織があるのを知って、決心しました。兄弟の一人がすでに入隊していたけど、父や家族はなにも知りませんでした。何年間も、家族に知られないままいろいろなことを学んでいきました。少し知識がある仲間が、まず文字や読み書きを教えてくれて、それから村の人に、この闘いの意味を説明できるように戦闘術や政治を勉強しました。

決心した理由？　長い話になります。

家族は、尊厳のある生活のためにいつも団結して闘っており、私もとても幼い頃から、平和的な闘争に参加していました。何年も経って、結局なにもないことに気づいたのです。武装闘争に参加するしか、道はありませんでした」

土地占拠などによってなにかを要求しても、政府の答えは軍の派遣だった。そこで村は「自分たちを守るには、武器を取らなければならない」という結論にたどり着いたと彼女は言う。

彼女は、EZLNに入隊した最初の女性兵士の一人だ。「一緒に入ったもう一人が最初に軍に参加した女性ですが、私たちがいなかったら、女性の入隊はなかっただろうと言われました。私たちの存在によって、自分にもできることがあると知り仲間が入ってきた。村の女性が娘や姉妹、孫たちに『武器を取るがいい、そして闘いなさい』と諭すようになったのです」

若い先住民女性にとって、武器を取る決心をするのはたやすいことではない。入隊は、空から飛び降りるようなものだ。イルマ大尉によれば、山に行って住むのは「とても大きな変化よ。最初は家族と離れのが少し悲しいけど、だんだん慣れてきて満足するようになる。自分の努力次第だし、いつかかなう夢のために闘っていて、それは女性のためでもあるし、みんなのためでもあるのだから」

EZLNに入隊すると、家族と離れてこれまでとまったく違った生活をすることになる。最初は寂しさでいっぱいだ。「時間が経つにつれ、変わってくる。置いてきたことは忘れなければならないわ。仲間がいろいろ教えてくれるし、話し相手もいっぱいいる。新しい家族ができたようなものよ。実の兄弟、姉妹と離れていることが、お互いに親近感を抱かせて、私たちを一つにする」

ラウラはEZLNに入りたての頃、女性同志が心の支えだったと語る。「最初は慣れるのに苦労するわ。家族もいないし、何もかも違うもの。私が入隊したとき、何人か女性もいた。もちろんお互い助け合ったわ。それでも悲しくて落ち込んだりもした。でもだんだん男たちと一緒に生活するのに慣れて、違いがわかってくるの。それに村にいた頃から変化は起こりはじめていて女性の状況に対する意識もあったし、平等は大切だということもわかっていたわ」

反乱軍兵士は、女性であれ男性であれ自由に両親に会えず、出身地から遠く離れた場所に配置されることも多い。たとえばラウラの場合、三年半も家族に会っていないが、そう悲しそうな様子はない。会いたい？　と聞くと、「どちらでもいいわ。会えたらいいけど、戦争中なのだから会えなくても仕方ないわ。それにここには家族みたいな仲間もいる。仲間といればリラックスできるし、けんかしたり多くのことを共有して、冗談を言ったり、助けてもらったりして……みな兄弟みたいなもの。自分より長くいる人はお兄さんで、司令官は親がわりね……」

アスセナという華奢でやさしそうな兵士は次のように説明する。「男と同じように訓練して、同じ扱いを受けるから、とくに女性は最初はつらいわ。村にいると、民兵でも女性の主な仕事は料理なの。でも私たちだって武器を扱えることを、ここのみんなは承知しているわ。入隊したくても、仕事や子どものためにできない女性がたくさんいる」

ツェルタル人のエリサ大尉もほぼ同じことを言う。「ここに来てからは少しずつ慣れていったわ。

もちろん家族を思うこともあったけれど、仲間たちが励ましてくれて忘れていったの。一月一日以前は、毎年家族を訪ねた。これから起こることも、もう家族が知っていることについてもなにも話さなかった。でも私が軍に残ると言うと、家族はなにも言わないどころか、前に進むように励ましてくれた。賛成してくれていたのよ。EZLNに兄弟が一人いるの。一緒に入って、バラバラになった。それから一度も会っていないわ」

ラウラは山の生活はとてもつらいと告白したが、それでもEZLNを離れようと思ったことは一度もないという。一番大変だったのはなにかという質問に対し、なにもかもすべてと答える。料理、火の用意、訓練……「それから歩くこと。歩き始めてからのどが鳴るようになって痛むの。それが一番大変だわ。肩に荷物を担いで、山を登りながら七、八時間歩くこともある」

アナ・マリア少佐が語る。「男がやることは、同じように女もします。戦闘術を学んだり、村で政治活動をしたり……。

この組織では、お互いが尊敬し合っています。村にはまだ古い考えが残っていて、虐待もある。でも軍では平等で、男がする仕事は女もできるし、同じ教育を受け、等級や責任にも差がない。たとえば私は歩兵隊の少佐として、大隊に命令を下し、戦闘で指揮をする。兵の動かし方を知っている。サン・クリストバル占拠の際、実践しました」

アナ・マリアの命令に、男女合わせて何千人もの兵士が従う。とはいえ女に命令されるのは、男にとってなかなか受け入れにくいものだろう……「冗談で同志に『男《マッチョ》』らしくふるまうように言うこともあります。今も残るマチスモこそ私たちがなくそうとしているものです。新入りの男性同志が女性に従うのはたやすくはない。慣れていないせいで、悪いことのように思ってしまう。でもじきに慣れる。長くいる仲間はみんな平等だと考えるし、あらゆることに女性の参加が必要だと考えています」

ポロー村の風景

5　愛、結婚、出産、そして戦争

ＥＺＬＮの女性によって変化した先住民の伝統があるとすれば、それは男女のあり方である。夫を持たないことが認められ、兵士として性交渉は持ちながら子どもを作らないというあり方が可能になったのだ。

軍の生活は、生まれたときから結婚して子どもを産むことだけを期待される存在である村の生活と大きく異なっている。アナ・マリアが語る村の現実は次のようなものだ。「女性はたいてい、まだ幼い十三、四歳のうちに結婚を強要されます。だからＥＺＬＮの女性革命法には、強制的にではなく自由に相手を選ぶ権利が書かれているのです。この法律は、女性が作成し、全員で承認したものです。たいていの村では、ある若者が一人の娘を好きになったら、彼女が彼を好きかどうか聞かずに焼酎を一リットル持って直接父親のところへいって、あなたの娘をくださいと言う。娘は気づいたときには売られていて、無理やり結婚させられるのです。結婚したくなくて、新郎の家や祭壇に泣きながら向かう。都市のように恋人の関係になるというのは慣わしでは罪とされていてあり得ません」

高地のツォツィル人の間では、結婚には伝統的に長い手続きが必要とされた。ファン・デ・ラ・トーレ・ロペス編『シナカンタンにおける婚礼』のなかで、アンセルモ・ペレスという先住民が説明している。「昔は、若者が適齢期になると、娘をもらいにいく責任を持たせてもらうために、まず焼酎を一ビン両親に贈って誠意を示したものだ」

準備が整うと、若者の両親は「ハクオレティク」もしくは請願者と呼ばれる人々を呼び集めるのだが、それには娘の父親に贈り物を持っていく役目の老婆、酒類担当の女性、三名の焼酎の注ぎ手に加え、それぞれの妻が含まれる。娘の両親宅を訪ねる儀式は数年間続き、その間父親は食事や果物、さらに焼酎など欲しいものをなんでも贈られるのである。伝統的な婚礼にまつわる話の中で、唯一登場しないのは花嫁だ。彼女は、この儀礼の間じゅう蚊帳の外で、なに一つ決めることができない。アンセルモ・ペレスは「娘の意見など聞きはしない。両親が決めて、娘に命じるのさ」と語る。

色よい返事が出ると、婚約期間が始まる。とはいえ、花嫁は決して花婿に会うことも近づくことも、ましてや言葉を交わすこともない。花婿が感謝し、贈り物を渡し、焼酎を飲み交わす相手は、花嫁の父親であり、義父のために数か月間働いて過ごすのである。

これがもっとも古い結婚のしきたりであり、娘を与える相手をコントロールする役目を果たしていた。一方娘は「婚約期間」にようやく相手を見ることができる。

時とともにこのしきたりの最悪の部分だけが残った。父親は娘の主人であり、好きなときに売れるという考え方である。『アラン・キナルへ』ではこう描かれている。ウイスタン出身のドミンガは、両親について密林に行くのをいやがった。彼女の母親は言う。「ドミンガが言うことをきかなかったので、夫はひどく怒った。それで娘と結婚したがっていた男に話をつけたの。一緒に来ないなら、娘を売ってやろうと考えたのさ。ドミンガは結婚したくなかったけれど、夫はもうお金を受け取ってしまっていたから、泣く泣く婿になる男について行った」

サパティスタ蜂起後、女性の権利についての話し合いの席上でも、婿を決める両親のやり方に対する怒りが噴出した。「まだほんの子どものうちに求婚されることもある。なにも考えない両親なら、娘をお金で売ってしまう。十一歳か十二歳になったばかりでも男にやってしまうのだ。でも娘は夫との仕事に耐えられず、家に戻ってしまう。よくわかっている親なら、大きくなるまで結婚を認めない。貧しい者にとって夫や子どもを食べさせるというのは、大変な仕事だからね」

だが好きでもない男に嫁がされる女性が、運命から逃れる手だてはあっただろうか？　厳格な先住民社会では、それは不可能だ。どこに逃げ場があろうか？　大嫌いな男の手に落ちた初夜の恐怖に、どう立ち向かえばいいのだろう?

イルマ大尉の場合、兄弟とともに村を出てEZLNの軍隊に加わることで、この袋小路から逃れた。そして一人の反乱軍兵士と恋に落ち、結婚した。

一九九四年五月、サン・クリストバルに集まった先住民女性は、結婚を強制してはならないとするサパティスタの法に賛同した。「以前は、女性を雌牛と交換していた。結婚は純粋に意志によるべきである」

次のような意見もでた。「結婚したくなければ、両親やその男と話したほうがいい。強制はよくない。女性を破滅させてしまうし、子どもができてからではもっと大変だから」

もちろん全員が不幸な目に遭っているわけではない。チャムーラの出身であるフアナ・エルナンデスは、自分は幸運だったと語る。「私は無理強いされずに自分の意志で結婚したわ。私のやり方は、ただ一緒になってそれでおしまい。教会も市役所への届け出もなにもないの」

ある朝私は、サン・クリストバルで庭師をしているペドロという十七歳のツォツィル人にお金をねだられた。結婚したい相手の父親が要求するものをすべて買い整えるのに、五十ペソ必要だという。清涼飲料水四レハスに肉八キロ、砂糖五キロ、酒十リットル、そしてコーヒー三袋だ。

ペドロによると相手は同い年で、同意のもと「家から連れ出しただけ」とのことだ。「僕には父さんがいない、酒を飲みすぎて死んでしまったんだ。八歳で働き始め、ここまでやってきた。母さんと僕ら兄弟は、プロテスタントになったよ」。いまペドロは、恋人の父親に支払いをしなければならない。そうやって教会へも市役所へも行かない結婚が取り行われるのだ。最初義父はお金を要求したが、サン・クリストバルのマリア・アウシリアドーラ地区の牧師のとりなしで、品物を贈る習慣に従うことになった。

ペドロは、もし自分に娘がいたら、同じように贈り物を要求するだろうと言う。

結婚のもう一つの形態である誘拐について、人類学者のアンドレス・メディナは、『テネハパ――ツェルタルの村における家族と伝統』という著書で説明する。

「誘拐は、村祭りでよくみられる結納の負担を軽減する一つのやり方である。男は自分の好きな娘を見張り、帰り道で待ち伏せする。タイミングをはかって山に連れ込みそこで一夜を過ごす。これは娘が男の求愛にはっきり答えてから行われる。翌日男は事態を最善の方法で調整すべく、娘の親戚と話をするために焼酎を数リットル持って彼女の家におもむく。というのは親戚たちが、誘拐犯に復讐の一撃を加えることがあるからだ。村のラディーノ〔ここでは村の外に暮らした経験を持ち、外部の習慣を身につけた先住民を指す〕の中には、以前はもっとひんぱんであからさまに誘拐が行われていたと言う者もいる。市場のまんなかで女性を引っ張り、家まで引きずっていったものだからである」

しゅうとたちとの確執

生殖の話、ましてやエロティックな話はタブーとされているため、先住民の女性は結婚すると、なんの準備も予備知識もないままにセックスの世界と向き合うことになる。幼さを残したまま、すべてを自力で習得しなければならない。

しかも男は、妻に特別ないたわりや何らかの説明をする必要を感じないように教育を受けている。

よく言われるように、単に「彼女たちを使う」だけなのだ。

ある夜、大笑いしながらアスセナが「それであなたは使われたの？」とたずねた。それは一般に女性に対して使われる言葉だが、サパティスタ兵士として村とは別の習慣で暮らす彼女は、この質問をわざと男性カメラマンに向けたのである。この意味するところは大きい。

彼女たちにとってセックスの喜びはなじみのないものである。——「私たちの習慣にそんなものはない」。一九九五年末、政府との対話でセバスティアナは、怒りを込めてそう語っている。新妻の悲劇はこれにとどまらず、夫の両親との同居という伝統がある。若い娘が一夜にして憎まれ役となり、とことん働かされる。母親や兄弟から遠く離れ、よそ者として入った家庭で、どんなに努力しようともむくわれることはまずない。「しゅうとたちは陰口を言って、夫が妻を殴るようにしむける」のもめずらしくない。そして多くの場合「夫とその家族は、私を召し使いのように扱う」のだそうだ。

しかし女性は、決して文句を言わず何でも耐えるようにしつけられている。『オスチュクの先祖に捧ぐ』でマルティン・ゴメス・ラミレスが語るところによれば、オスチュクのツェルタル人の村では、両親が嫁ぐ娘に次のように言って聞かせる。「これからお前は、よその土地にあるよその家に嫁ぎ、生まれた場所を永遠にあとにする。お前の両親がそれを望み、そして許した。これからは夫の父と母が両親になる。さあ娘や、これから話すこと、私の唇が語り、心から発していることを聞きなさい。行儀よく、正しい道を進むのだぞ。噂好きやうそつきになってはならない、しゅうとに口答えしてはならない、しゅうとめを責めたりお前の仲間たちを中傷してはならない、道端で噂話をしたり裏庭で悪口をいってはいけないよ。お前はもう嫁に行くのだから、しゅうととしゅうとめ、夫の言いつけに従って、横柄な態度は慎むのだぞ。まずは言うことをよく聞きなさい、そうすればしっかりやっていけるだろう。そうやって初めて満足してもらえるし、お前の手足は喜びを感じるだろう。だがもしお前が道端で中傷したり、裏庭で悪口を言ったり、しゅうとを非難したり、しゅうとめを批判したり、仲間たちを責めたり、義姉を批判したり、夫を尊敬しなければ、お前の家族に病気や災いが訪れるだろう。悪魔を引き寄せてはならない、いいかね娘や。それさえ守ってくれれば私は満足だ。そうすれば無駄なおしゃべりもないだろうし、私たち家族がお前に恥をかかされる心配もない」

だがどうしても辛抱できない、もしくは子宝に恵まれないということもあり得る。人類学者アンドレス・メディナは、ツェルタル人同士の離婚の原因として、不妊症としゅうと問題を挙げているのだ。「伝統社会において離婚による家族の分離は、比較的よく見られる現象である。最も危機的(『テネハパ』)。これは女性の価値の低さを示している。つまり欠陥商品として、女性を返品できるで重大なのは、離婚が結婚から第一子の誕生までに起こる場合である……直系の子がいないのが理由とされ、また多くのケースで不妊症は女性のせいにされている。子どもがいない夫婦の離婚の場合、妻の実家は婚礼の日に受け取った贈り物を返す義務がある。子どもがいれば、妻はまだ母乳が必要な一番下の子を連れて実家に帰る。上の子たちは父親かその家族のもとにおかれる。子どもがいる場合、離婚の原因は基本的に二つである。家庭内の基準からみて夫婦どちらか一方の義務の不履行、もしくは妻と夫の家族との間に起きたいさかいであり、いさかいが頂点に達すると妻が実家に帰ることになる」

ラカンドン密林の奥深く、ラ・レアリダー村のベルタは十八歳で、母親の家に帰るのを余儀なくされた。幼子に乳をやりつつ、三歳になる長男にフリホール豆を食べさせながらベルタは涙をぬぐって、しゅうとたちのひどい仕打ちに耐え切れなくなって家を飛び出してきたのだと語った。わめき声、絶え間ない叱責、罵詈雑言さらには暴力。働き者で賢く、てきぱきとした若いベルタの人生は、悪夢に変わった。どんなに努力してもしゅうとたちに怒られてばかりで、毎日泣き暮らした。母親のルスがとうもろこし畑についていくこともあった。美しい娘の涙やくまに胸がしめつけられる思いだったが、彼女にはどうしてやることもできなかった。それが習慣なのだ。

ある夜、ベルタは二人の子どもを連れ、母と祖母、おばの元に駆け込む決心をした。三人に夫はなく、彼女の絶望感を理解してくれる女性たちだ。

ルス、フェリサ、テレサの三人とベルタは現在ルスの長男を唯一の男手として、彼の妻ロサリオと子どもも一緒に暮らしている。彼女たちは薪をかつぎ、遠くの畑で収穫の手伝いをしてとうもろこしを分けてもらったり、種まきや耕作を手伝ってわずかばかりのフリホール豆を手に入れ、今は四人だが五人になろうとしている子どもたちに食べさせるためにやりくりしている。

ベルタは、夫が子どもたちを奪いにくることを恐れていた。慣習では、夫が女の子を、妻が男の子を引き取ることになっている。しかし娘はまだ乳飲み子で、ベルタは二人とも引き取りたかったのだ。

この一家の女性は、夫運には恵まれてはいなかったようだ。ルスによれば、子どもたちの父親は頭のおかしい人殺しで、彼に邪眼を投げかけたと自称まじない師が告げた者をかたっぱしから殺した。「神様を信じずにサタンを崇めていたのよ」。そのうえ、前妻がいたのだが、その女性の父親も彼に殺されている。ルスはこの男の暴力を「私にも弾を浴びせたものよ」と表現する。つまりいつも脅かされていたのだ。

この人殺しは結局銃で撃ち殺された。彼は自分に災いをもたらしたという若者を殺すため、ラ・レアリダー村の近くにあるグアダルーペ・ロス・アルトスという村に行った。追いかけられた若者が木に登ったところを若者の妻が通りかかり、撃たれるさまをみて夫はもう殺されてしまったと思い込んだ。彼女はあわてて家族に知らせに走り、それから数人の男が彼を待ち伏せし——ルスの言葉によれば「道端で襲った」——、彼の人生は終わった。

ルスはやっと息がつけるようになった。「すでに五、六人は殺していたうえ、大酒飲みだった」という。再婚しようとは思わなかった。独りのほうがおだやかでずっといい。「少なくともわずかなとうもろこし汁くらいは食べていける。言い寄る男もいたけれど、家族と子どもたちのためにもういやだと思った」とつぶやいた。

ルスの妹フェリサには、三歳の息子がいる。その子の父親は彼女を捨て、他の女とラス・マルガリータスに移り住んでしまった。一銭たりとも子どもの養育費をよこしたことはない。三十歳のフェリサは非常に美しい女性だが、この村で再婚するという選択肢はないようだ。小さな村のきびしい社会規制によって、「捨てられた」女には新たな夫婦生活を始めセックスを受け入れるという可能性は否定されているのだ。支配的なモラルを捨てない限り、そうすることはできない。

フェリサは都市で女中の仕事を探そうと考えたが、年老いた賢母に止められた。人に仕えることで彼女と息子は何に出会うというのだろう？　搾取、悲しみ、仕事、そしてここで持っていたすべてのものすなわち村、家族、自然との別離。とうもろこし汁一つとっても欠かすことはできない……大都市トゥクストゥラのどこでラ・レアリダー村のようなとうもろこし汁が飲めるというのか？　それに手作りでないトルティージャ？　絶対いやだ。

ＥＺＬＮ内での恋愛

一九九四年五月。リゴベルタとクリストバル大尉は現在同じ隊を命じられ、一緒にいる。リゴベルタは十七歳くらい、クリストバルは二十六歳だ。二人は夜明けから日暮れまで抱き合い、人目を忍んで愛撫し合う。彼女がクリストバルの首に手を回してひざにすわっていることもある。私たちジャーナリストは、彼らの愛の巣つまりキャンプをあとにして町に戻るとき、写真を撮ってくれるよう二人に頼まれた。二人一緒の写真がほしいのだ。目出し帽をしっかりかぶり、初めて二人の間に距離をとって「準備できた」という。一緒に写っても離れていたいらしい。「もっとくっつきなさいよ！」私たちが叫ぶと、恥ずかしそうにお互いの腕を肩に回す。それでいい。キャンプのどこかでふざけあっている写真なら、もっとよかっただろう。二人の武器にはさまれて写る、目出し帽の奥の瞳に、喜びと希望をのぞかせている。

聡明で気さくなマリベル大尉に、反乱軍内で恋に落ちた場合どうするか聞いた。「仲間の一人を好きになったら、まず司令部に許可を求めなければならないわ。つまり私はこの女性が好きで、愛していますと。それで彼女の方は、話がきたときにはすでに許可済みなのを承知している。なぜ許可が必要かって？　司令部は彼女に他につき合っている人がいないかどうか把握しているからよ」

反乱軍兵士になって九年目のマリベルはいろいろなやり方があると説明する。「ＥＺＬＮでは二つのやり方がある。一つ目は公認の仲になるだけのもので、パーティーをやって、生活はこれまでと変わらないけど、二人が結婚してこの夫婦に敬意を払わなければならないことをみなが承知するの。もう一つは、証書にサインするやり方。証書には、誰の強制も受けずに自分たちの意志で結婚したこと、二人の関係で優先されるのは夫婦関係ではなく任務であることが書かれているの。私たちはＥＺＬＮの一員として、任務を優先させなければならないわ。夫婦だからといってずっと一緒というわけではないの。夫があっちに遠征し、妻は別の場所に遠征するということもある。あるいはどちらも大尉で、別々の隊にいなければならないということもある。二人が会えるのは、ときたまチャンスができたときだけなの。それがちょっとした問題の原因になることもあるわ。離れているあいだに何をしているかわかったものではないと疑う男もいるから……いろいろなことを想像するのよ。過ちはみんなの前で訂正される。こうした問題が解決できるように公表するの」

反乱軍兵士同士が結婚するたびに、ごちそうに音楽、それにおそらくダンスのパーティーが催される。ゲリラたちは二列に並び、銃剣を交差させる。列は夫婦が初夜を迎える屋根の下まで続き、その下を新婚カップルが通る。マルコス副司令官によれば「山中では、それをしたいと望み、方法がある場合にはどの男も女も、やりたいことができる」

この儀式の意味をマリベルが説明する。「証書に署名した後交差させた銃剣の下をくぐるの。それは夫婦の誓いであると同時に、みなとともに喜んで闘う決意を意味している。それからパーティーをして、結婚が成立するの」

チアパス高地に駐屯する反乱軍兵士も同じだ。アナ・マリアがそこでのやり方を説明する。「もしだれかが結婚したくなったら、たとえばある女性が仲間を好きになったら、それが恋をしていい相手か確かめるため司令部に許可を求めます。ある男性が仲間の女性を好きになっても同じです。司令部はまずその仲間が他の者から求愛されていないか、約束ができていないかを調べてから、許可を出すのです」

先住民の村では考えられないが、EZLNには男女交際もあり得る。アナ・マリアの説明はこうだ。「誰かを好きになったら、よく知り合うための時間が与えられ恋人同士になる。それから決心がつけば、結婚します」

もしあるカップルが、家族とともに教会で結婚式をしたいと望めば、条件によって許可される場合もある。一方離婚は罰せられず、単に別れて司令部に報告するだけでいい。もしある女性が「もうこの人といたくない」と思っても相手につきまとわれたら、司令部は問題が起きないよう、二人を別れさせるよう指示するだろう。

また、反乱軍兵士と一般市民との結婚もある。マリベル大尉は、一九九五年一月次のように語っている。「つい最近、一人の仲間が村の女性と結婚した。まず相手の両親に許可を求めた後、本人たちで話し合ったわ。私たちが村中参加の結婚パーティーを催したの。新婦は反乱軍に入隊することに同意しなければならなかったのだけれど、彼女はすでにEZLNに参加する意志を持っていたので、問題はなかったわ。彼女は民兵で、心構えができていたの」

ラカンドン密林の多くの地域をEZLNが「解放した」十三か月のあいだ、兵士たちは村人と共存してきた。踊りや演劇、歌などEZLNの若者の文化活動を担う青年部隊の長でもあるマリベル大尉によれば、ある村の娘はこぞって民兵になったという。

「若い女の子たちはほとんど民兵になったわ、もちろんそうしたくない人はしなかったけどね、その人の度量によるわ。それぞれが自分の入りたい隊を選んでいった。それ以来、反乱軍兵士と一般市民との共存が始まったの。村全体が理解して支援するので、とてもいいことよ」

あなたは結婚しているのと質問すると、マリベル大尉は答えた。「ええ。私はある仲間と関係を持つ決心をして、仲間全員に見守られて結婚した。結局いろいろ問題があって、別れたくなって離婚したの、どうということはないわ」

彼女は私生活をそれ以上語りたがらなかった。別の機会に、アスセナ中尉の話を聞いた。「私は三年前（話を聞いたのは一九九四年だ）の五月十三日に結婚した。仲間たちが列を作り、武器を交差させ、マルティン大尉と私はその下を通った。証書に署名して、パーティーが開かれ、食べるものを買ってくれた。でも結婚しても村でのようにはいかないわ。私たちは兵士だし、一緒にいられることもあるけどそれぞれが仕事を持っていて、夫が別の場所に行こうが気にするわけにはいかないの」

母性、避妊、中絶

チアパスでは母性は女性にとってもっとも重要な使命とされている。女性は結婚すれば「子どもを産まなければならない」ことを知っている。身体上の理由でそれができない女性は敗北者となり、周りにもそう扱われる。結婚とは恋愛とかけ離れた子どもを中心とした社会経済的な契約である。先住民にとって女性の豊饒性は、月の女神に与えられた恩寵である。子どもを産めない女性は、神に罰せられた者であり、排除されさげすまれる。

女性の豊饒性は月に支配されるとマヤの人々は言う。月相は人間や農業の生産の予兆ととらえられ、聖母である月（ツォツィル語ではチュルメティク）は、太陽の母である。それが満ちるのが受胎の最良のときと考えられ、したがってセックスにも最良である。

「先住民の中には、大半の女性が新月のときに生理を迎え、満月の頃もっとも豊饒となると信じている者もいる」。ウィリアム・ホーランドは『チアパス高地におけるマヤ医療』でそう説明している。

夫婦間で子どもを作るためにセックスするのは、ごく当たり前だが、この座標軸をはずれたものは罪であると考える先住民は多い。

弁護士のマルタ・フィゲロアは、女性にとって子どもを産むことの重要性について「もし先住民女性に避妊手術を行い、彼女たちが持っている唯一の価値を奪い取ったら、村に帰属することも住み続けることも難しいでしょう」と指摘する。

だがEZLNの登場によってこうしたあらゆる秩序がくつがえされた。反乱軍の女性兵士たちは、出産適齢期でもその面を切り捨てて闘いに専念している。母親の世代とのあいだに、深い溝ができている。

「サパティスタ軍では子どもを持つわけにいかないから、コンドームを使っている」と、二十歳になるかならないかのアスセナ中尉は、楽しげに語る。

マリベル大尉が説明する。「ここでは子どもを作れる状況ではないわ。世話ができないもの。でも子どもを産んだ仲間もいるわ。妊娠したら村に戻り、そこで出産してから帰れるかどうか考えるのよ」

避妊法を選ぶのは女性だという。「ピルを飲むか注入薬にするか、女性が好きなようにするの。最初は薬を手に入れるのが大変だったけど、この頃（一九九五年一月）は、仲間の協力のおかげで、前より少しは入ってくるようになったわ」

ピルには副作用の可能性があり、前より少し太った女性兵士が多い。EZLNでは毎日の食事が保障されているからかもしれないし、一九九四年一月以来、山に隠れるのをやめて村にいたためかもしれないのだが。マリベルは「ピルは頭がすごく痛くなるから最初つらいけれど、じきに慣れてくる」と言う。

アナ・マリア少佐は、武装した者は先住民女性に課せられた伝統的な使命からはずれていると説明する。「女性兵士はあちこち移動しながら働き続けているし、村人のために闘うのが使命だから、子どもを産むことはできません。山で赤ん坊を育てるのは、すごく難しいだろうし。だから家族計画がある。でももし子どもをほしいと思えば、家族のもとに帰って出産する。そのあと戻りたければ、赤ん坊を母親かしゅうとめにあずける。たまたま妊娠してしまって、そうやって出産した仲間もたくさんいます。彼女たちは闘争に身を置くことを望んで子どもを家族のもとに残して戻ってきたのです」

EZLNではコンドームやピルを中心とした避妊具が出回っているものの、アナ・マリアによれば先住民の村では「存在すら知られていない」という。

そして村で妊娠を避ける方法についてこうつけ加える。「娘が妊娠しないよう両親がきびしく見張っているので、娘たちは恐ろしくて男性と話すらできない。でもたいていはなぜか妊娠して出産するのです。中絶は難しいし、やったとしても口にはしません。中絶は、決して話題にしません。

それは伝統にふれる問題で、あってはならないという信仰が存在するのです」

ラ・ホルナダ紙の女性記者が、サン・クリストバルの大聖堂でアナ・マリアに中絶という選択肢があったらどうなるのかとたずねた。実際メキシコ農村部の出産年齢にある女性の五人に一人が中絶を経験しているのだ。そのとき彼女は答えた。「伝統や信仰を持つからといって変わらないとは限りませんが、今も中絶が伝統で禁じられており、村でそれをしたら裁かれるのは確かです。でも実際によく行われていて、妊娠した本人が、家族にひどいことをされるのを恐れて産婆か祈禱師のもとに行き、堕胎してくれるように頼みます。私が知っている村々では中絶した者に罰金を科すか、娘を妊娠させた男を捕まえて何日か刑務所に入れ罰金を払わせるか診療費を負担させることになっています」

伝統医療

チアパス高地では、州の他の地域や国全体とは逆に、女性の死亡率のほうが高い。出産時に死亡する女性が多いためだ。ただ、出生証明書を持たない女性が多いので、統計上には現れにくい。死亡しても「もとから存在していなかった」ため、届け出すら出されないのだ。グラシエラ・フレイエルムス著「先住民医療の実践」という小論によると、チャムーラでは妊娠中に死亡した場合、証明書には別の死因が書かれるという。また興味深いことに妊娠を女性が恥じて、夫に告げない村もあるという。

先住民の健康の概念は、身体の具合だけでなく、隣人との関係や宗教上の義務、習慣の遵守をも含んでいる。「盗んだり殺したり、夢に性的な願望が現れたり、中傷したり義務を怠ったり隣人とけんかした場合には、病気にかかるだろう」。だがこれを避けるだけでは健康を保つのに充分ではなく、他人の嫉妬や夢、魔術、転んだり「地中に精霊をなくした」ら、道端で病気におそわれることもあるとチアパス高地の人々は考えている。

イロルと呼ばれる優れた知識を持つ祈禱師は、身体、精神を癒す力を持っている。彼らの知識は、代々受け継がれることが多い。グラシエラ・フレイエルムスによれば、イロルは「風、稲妻、悪魔、水がそれぞれどんな『病気』をもたらすか知っており、夢や嫉妬心、食べ物、反社会的な行動が病気の原因になっているかどうかも診断できる。脈拍を診て心臓、心への血流を調べる」。イロルは、患者の具合の悪いところから、破った社会規範まですべて見通せると言う。彼らは魔術、薬草、触診によって診察し、西洋医学の薬はほとんど使わない。

「イロルは治療のためにさまざまな方法を使う。儀式（失われた魂を呼び出す、お産が長引いている妊婦の体を石棒でなでる、めん鶏のいけにえなど）。祈禱（洞穴の中、教会、家、病気に憑かれた場所）。ろうそく、焼酎、『一吹き』、身体操作、動物、石など、そして植物をよく使う。煮出してお茶にしたり生のまま使ったり、粉末を水で溶いたり、こう薬のように塗ったり、風呂にいれたり座薬にしたり、鉄板《コマル》であたためたり、使い方はさまざまである」。また祈禱によって治癒へと向かうように祭壇をどの方向にしつらえるべきか、ろうそくの色と大きさ、しかるべき日時を定める……

産婆が同時にイロルであり薬草師である場合、ツォツィル医学における地位はもっとも高い。彼女はひっぱりだこで、多くの病人が診てもらおうと家を訪ねるだろう。診察料として、ほんのわずかのお金が入る。イロルの仕事は、女性にとって知識と行動範囲を広げるのに役立つ。

下界すなわち地獄や、自分たちの生活を脅かす一連の力を信じることは先住民の世界観の重要な側面である。その宿命観は、厳格な社会コントロール機能を果たすからだ。村の規則に違反すれば、超自然的な力によって罰せられるのである。ウィリアム・ホーランド著『チアパス高地におけるマヤ医療』によれば、「けがしたり転んだり、友人とのけんかや妻を殴ったり、骨折、なくし物をする……」のは、死神のなせるわざと考えられているという。

マヤの人々は、人が生まれると同時にナグアルつまり死ぬまで一生伴侶となる動物も山で生まれると信じている。死は両方の死を意味する。二人の運命は分かつことができず、動物と人間は骨と肉は違っていても霊的には同じ精神を共有している。名声であれ、権力、病気、痛み、死であれ片方に起こることは、もう一方にも起こる。

ツォツィル人にとって、これらの動物は人間の家族と離れて聖なる山に住んでいる。ある女性が男性と結婚すると、彼女のナグアルは両親の聖なる山を出て、夫の山に住む。

もし先住民が故郷を遠く離れて都市に行き、習慣を捨ててしまった場合、伴侶である動物は見ず知らずの遠い白人の山に行くのである。そしてもはやその先住民は遠くに住んでいる自分のナグアルを見分けることはない。

先住民女性の出産

チアパスの都市部では妊婦の七十パーセントが産婆の元を訪れる。農村部では、産婆が事実上すべての出産をつかさどる。

「子どもの誕生を決めるのは月とされている。それゆえ新月は『母親の腹にはらませるべく子どもたちを迎えに行ったのだ』と言われる。月は妊娠の期間を数える基点であり、赤ん坊の保護をつかさどる。女性は妊娠すると月の大きさを調べ、そこから九か月を数える。その間、子どもが無事生まれるよう月に祈り、出産が遅れていることに気づくと祈りはさらに熱心になる」(メディナ著『テネハパ』)

ツォツィル人はもっとも秘密主義の伝統をつらぬいてきた先住民である。ラディーノや外部の者は出産に立ち会うことはできない。誕生は、焼酎とさまざまな場所に置かれる色とりどりのろうそく、松やにのけむりに満ちた儀式となる。出産は着衣のまま行われ、ナグアと呼ばれる羊毛のスカートの下から新生児が現れる。ツォツィルの女性はめったに横になって出産せず、たいていは夫の首に両手を回し、立ったままもしくはしゃがんで出産する。夫はそうして出産の苦しみに協力するのだ。妊婦のいきみにひたすらつき合うこのきつい役目は、父親か親戚が交替することもある。親戚が招待され、産婆とともに祈りと賛歌を捧げ、大量の焼酎で誕生を祝う。

ツェルタルの村であるテネハパでは「出産はごく内輪のものであり、祈禱師と夫、ときには夫の母だけが立ち会う。夫は、妻がしゃがんで出産できるよう、背中から支える」とメディナは記している。

儀式は村によって微妙に異なる。テネハパでは「祈禱師が新生児のへその緒を切って近くの木に結び、胎盤はかまどの火で焼かれる。赤ん坊をぬるい産湯につけ、父親がチリを少しかんでから、唇が黒くならないようにと赤ん坊の口に少しつける。出産後三日間母親は横になって過ごし、家族はそのあいだ外にしつらえた焚き火を囲んで過ごす。これは赤ん坊を『病気』から守るために行われると説明される。この時期が一番病気にかかりやすいからだ（……）母体は弱っていると考えられ、二十日間ぬるま湯を飲み続ける」

ラカンドン密林では、伝統はもっとくずれかけている。入植という体験は、古くからの伝統の多くを置き去りにした。女性たちはなんの援助もないまま別の生活環境、気候の敵意に満ちた世界に入ったのを感じた。最初の入植者たちは、母親に見守られることなく、なじんだすべてから離れた極限状況で出産しなければならなかった。

トホラバルの産婆テレサ

テレサは最初の数家族とともに、密林の片隅にやってきた。入植者は、けもの道や荒地を通り抜け山刀で道を切り開きながら、後にラ・レアリダーと名付けられる谷間にたどり着いた。あたり一面大木や密生した灌木などの緑と水におおわれていたという。トホラバルの人々は土地を手に入れるという希望を胸に、山刀に毛布、乾燥トルティージャといった日用品を背負って数日間歩き続けてきたのだった。

ラ・レアリダーは彼ら自身が汗水流して作り上げた村だ。大ヤマネコのような危険な動物やマラリアを運ぶ虫が棲む荒涼たる沼に、掘っ立て小屋が建てられていった。川に水路をつけて村の中を蛇行しながら家々のそばを通るようにした。そうやって人の住める場所を切り開いたのである。

テレサは自然の成り行きで産婆となり、村のおばぁさんと慕われるようになった。「誰かに教わったわけではなく、自然となっていった。自分の力に三十歳くらいのときに気づいたのさ」

現代医学では説明がつかないテレサの能力の一つに、逆子療法がある。おなかをさするだけで、赤ん坊の位置を矯正してやれるのだ。テレサの手にかかれば帝王切開は必要なく、死産だったことも一度もないという。

どうやって知ったのか？　誰から学んだのか？　テレサは粘土で土鍋を作る夢をよく見たという。手びねりのとてもかわいらしい鍋だった。それから妊婦の腹をさわるようになり、夢にみちびかれるままにまた手でこねていったのだ……

熟練したあたたかい手を使って説明する。「このバナナが赤ん坊だとして、これが頭でこれがお尻という具合に母親のお腹のなかで横になってしまっていたら、ヴェポラップのクリームを少しとって、赤ん坊が下に行くようにこんな具合にさするんだよ。それから頭がどこにあるかさがして回せば、お尻はこんな具合に上がる。お尻を上に、頭を膣のところに回してまっすぐにしてやるのさ」

テレサは自分の天職を、夢のお告げで知った。「なんと言ったらいいか、何度も見た夢があるのさ。まばゆいばかりのすばらしい家具があって、なかを見るとリボンや真珠などたくさんのものが入っていた。何を意味するのかは知らないけれど、この夢で私は産婆になったんだ。それと空から真っ白い雪片が降ってくる夢も見た。空から水みたいに落ちてくるのが見えてつかもうとすると、長い束のようになるのさ。これは神様が私になすべき仕事をお示しになったのだと思う。産婆になって以来、こうした夢は見なくなった」

夢のお告げに貧困と過疎、医者不足が加わって、彼女は自らの才能を開花させた。いつものように隣村のグアダルーペ・ロス・アルトス村を訪ねたある日のことだ。そこには妊娠中の姪がいて、周りから中絶を勧められているところだった。

「その村にも産婆がいたけれど、私が思うにあまり知識も技術もなかったね。姪は妊娠四か月で、中絶の準備はすでにできていた。怪しげなワインが買ってあって、それを飲ませて子どもを堕ろさせようとしていたのさ」

テレサの姪が子どもを堕さなければならない理由は、迷信にあった。「産婆が、生まれてくる子どもは人間ではなく動物で、カエルか豚だろうと言ったんだ。彼女を診ていた人がそう言ったのさ」

驚いた娘は祈禱師を訪ねようとした。ちょうどその頃テレサが村にやって来たので、姑が妊婦にこう言ったのだ。

「昨日義妹が来たから、相談してみたらどうだろう」

「でもなにかわかるかしら」

「大丈夫、私の逆子も治してもらったんだよ」

「そうなんですか」

それでマルガリータという名のその娘は舅にこう切り出した。「昨日叔母のテレサが村に来ました。叔母なら治せるかも知れません。相談してもいいでしょうか」

舅は「お前がそうしたいのなら、明日相談しに行ってやろう」と答えた。

テレサは話を続ける。「お舅さんはすぐ次の日にやってきた。私がときどきお産に立ち会うのを、夫が知らなかった頃だ。とうもろこし畑から帰ってくると、お舅さんが来て、わしの弟はどこに行ったんだい？　とたずねた。

『お座りなさいな、じき来ますよ』と私が答えると、夫に話したいことがあると言う。お舅さんが背負い袋を置いてそこに座っていると、夫が帰ってきた。どういうつもりなんだろう、なぜ夫をさがしているのだろうと不思議だったよ。答えは最初からわかっていたと後で気づいたけどね。馬を連れてとうもろこしを取りに行っていた夫は、荷を解いて腰をおろした。お舅さんは酒瓶を取り出して、夫に一杯注いで切り出した。

『さて弟よ、わしはお前たちに頼みがあって来た、というのはお前の姪でもある嫁に頼まれて来たんだが、テレサがその……妊婦の扱いを知っているというではないか』

びっくりした夫がふりむいて本当かとたずねるので、やったことはあると答えると、それなら妊のめんどうもみてやるようにということになったのさ。

翌日さっそく出かけていったよ。まずはコーヒーをごちそうになって、それからマルガリータに会って具合を聞くと、お腹の子は人間じゃないと言われたと言うじゃないか。

『人間ではないだって？　父親は人間だろうに』

『でもみんなそう言うわ、多分カエルか豚になるだろうって』

『それで、それを信じるというのかい？』と聞くとわからないと答えるので近寄って診た後言ってやったよ。

『心配ない、ちゃんと順調に育っているよ』とね。

『もし順調なら、中絶しになんて行かないわ』

『行くことはないさ。順調なんだから。これからは私が診てあげるよ』

それからは私がめんどうをみるようになった。臨月になってからは、私ではなく村の男の産婆が診たけどね。とても元気な女の子が生まれたよ。

そんなわけで村で産婆として知られるようになった。そのとき以来だったか……たしかそうだったと思う。妻を診てくれといろんな人に頼まれるようになったのさ」

それから長い年月が過ぎた。いまや「私はここの子みんなのおばあさんだ、孫が二百人近くいるよ」とテレサは言う。

ラ・レアリダー村に滞在していたある医師はテレサの手際に感動し、教えを請うたほどだ。「テレサさん、あなたはご自身のやり方をよくご存知だ。私が教わったことがないようなやり方をあなたは独学で学び、天賦の才能で運命を切り開いた。一緒に働かせて下さい」と彼は言った。「それで一緒に働いた。その人がいたときには必要な道具はすべてもらえたが、医者が交代してからは、そうはいかなくなった。あの人たちはろくすっぽ患者を診ないし、知識もないのさ」

テレサはメキシコの最高学府を出た医者たちを生徒として受けいれ続け、お産のさせ方を教えた。「教えてほしいと次々に人がやって来たよ。私がどうやって逆子を直すか見て、同じようにやってみていたよ」

独学で学び、七人の子持ちでもある彼女は言う。「お産の世話をしてお腹の子の位置をきちんとしてやるにはどうしたらいいか、自分の頭で考えたのさ。私自身出産経験があって、自分の体のことはわかっていたからね。他の女の人でも同じだよ」

自分のお産の思い出を語る。「産気づいたとき、私は荷物を運んでいた。とうもろこしを取りに行ったり薪を運んだりしていた。それからすぐにベッドに横になって、娘を産んだのさ。周りの人たちが気づいたのは、生まれて二日後だよ。子どもを産むのはかんたんなんだよ」

つらいのは子どもを失ったときだと言う。「七人産んだけど、育ったのは三人の娘だけだった。四人は死んでしまったよ」

産婆になったのは天命だと彼女は語るが、産婆の家系だったのも確かだ。「父さんと母さんも産婆で、私が今やっているのと同じようにしていた。いまは産婆は私と弟、それにサンタ・リタ村に住んでいる妹の三人だ」

この地域では、出産は自宅で、着衣のまま行うのが普通だ。テレサの娘のフェリサは病院に行ったとき、妊婦が前開きの白いガウンだけを着てお産するのを見てぞっとしたという。先住民の女性にとって裸になるというのは、もっともいやなことの一つなのだ。

フェリサが説明する。「ここでは裸にならず服を着たまま出産して、あとで着替えるの。次の日に家でぬるま湯にいれてもらうのよ。病院はとても恐ろしいわ、だって……」

テレサはいつも儀式を守っている。ツォツィル人に比べればずっと単純なものだが、彼らなりのしきたりがあるのだ。「子どもが生まれると、健康になるように約束のろうそくをともす。いい石けんを使ってぬるま湯に入れ、よく洗う。かみそりでへその緒を切る。アルコール消毒した手で切り口を紐でかたくしばる。赤ん坊の体についた方も、血が出ないようにしばる。真ん中から切って、ろうそくの火で切り口を焼く。そうすると傷が閉じて湯につけても血が流れない。念入りに風呂に入れ、布でよくふいてからおしめをつけ、衣類、毛布などを整える。その後父親、おじいさんに渡され、一人一人が赤ん坊にキスをする。それから時刻によっておはようかこんにちわと言う」

出産のあいだじゅう夫が付き添って「取り上げるのを手伝う」とテレサは語る。

密林の家の床は土がむきだしのままで、そこに胎盤が保存される。「胎盤はとりあえず床に置いて、赤ん坊の世話をする。赤ん坊が落ち着いたら、土を掘って胎盤を埋める。家の中に埋めおかれるというわけ」

次のような伝統もある。「赤ん坊に膜が張って生まれた場合、その膜を洗ってたたみ、乾いたら頭の形みたいな容器に入れて、赤ん坊が成長して大きくなるまで枕の下に入れておく」

赤ん坊がへその緒を首に巻きつけて生まれるのは、母親が薪を取りにいったとき背負いひもをほどくのを忘れたためだ。妊婦はそうした細かいことに気を配らなくてはならない。

テレサは薬草にも詳しい。彼女によれば、避妊効果のある薬草などないという。それは自然の摂理に反するからだ。薬草は、女性にとってもっとも大切な役目である子どもを授かるために使われると言う。

彼女は報酬の額を決めていない。「私は人が好きだからやっているのさ。御礼は気持ち次第だとみんな知っているよ。五ペソだったり数十ペソだったり、その人次第さ」

金額を定めている産婆もいる。ラ・レアリダー村では、男の赤ん坊一人につき百ペソが相場だという。もし女の子なら、半額の五十ペソとなる。女は常に男より喜びが少ないのだ。

子どもの名前は家族がつける。好みや国際情勢が反映され、ラ・レアリダー村にはクリントンやフロリベルタ、ドナルド、といった名前が見られる。

一方高地に行くと、たとえばオスチュクのツェルタル人は生まれたときから二つの名字を持っている。モラレス、サンティス、ゴメス、メンデス、ロペス、エンシーノなど正式な名字のほか、出産や妊娠の時期に従って先住民姓がつけられる。たとえば天体の様子で決めることもあり、よく晴れた日に生まれたら「カアル」と名づけられるとマルティン・ゴメス・ラミレス著『オスチュクの先祖に捧ぐ』には記されている。もし母親が妊娠中に動物か植物、もしくはなにか物の夢をみたら、それが父方の名字となる。さらにゴメス・ラミレスは次のように記している。「赤ん坊が生まれたときに、両親が胎盤の形や中の色をよく調べて参考にすることもある」。胎盤に緑色の斑点があったために、いなごを意味するクルブという名字をつけられた男性がいるという。

また次のような例もある。「親が身体の一部、たとえばひざの夢をみたら、生まれた子にはひざを意味するチンバクを名字としてつける。たとえばゴメスという名の人が『クルブ』という名字を持てば、親の夢や想像に出て来た植物や動物、物体との関係も説明できる……」

マルコス副司令官

6　女性の組織化と自己覚醒

先住民女性がサパティスタの政治的な活動に参加するようになるまでには、長い時間を必要とした。いまもその途上であり、女性が公の場に姿を現さない村は多いが、蒔かれた変革の種は徐々に実を結びつつある。

マリベル大尉は「当初から私たちの任務は女性の仲間を増やすことだった」と述べており、その作業は粘り強く緻密に続けられている。

当初、直接村を回ったが、二週間の行程で回れるのは、せいぜい三、四の村、しかも女性を集められるという保障はない。

それでもっと効率的なやり方が考案されたのだとマリベルは説明する。「さまざまなテーマを録音したラジオ新聞というのを始めたの。たとえば、土地闘争のラジオ新聞では、土地闘争に関してあらゆることが説明されている。村にはスペイン語がわからない女性もいるので、みんなで翻訳したわ。キャンプにはツォツィル語がしゃべれる人もいれば、ツェルタル語、トホラバル語が話せる人もいるから、訳した記事をカセットに吹き込んで村に送ったの。そうやって村の女性たちが私たちのメッセージを聞き始めて、そのうち、もっと教えてほしいと村に招待されるようになったわ」

当時、組織は力を貯えるべく完全に地下にもぐっており、あらゆる政治活動は慎重の上にも慎重を期さなければならなかった。

「私たちが何者で何をしているのか悟られないように、万全を期してやらなければならなかった。学生のふりをしたり、神の御言葉を伝える修道女だと言ったり、あらゆる口実を使ったわ。〈神の御言葉〉のグループは私たちと同じように搾取、不正義を問題にしたから、ちょうどよかったの。村の女性に招かれるようになってからは、この国の状況や私たちがなんのために武器を取って闘うのかなどを一緒に話すようになったわ……そうやって仲間を増やしていったの。読み書きを知らない人がほとんどで、彼女たちの言葉でわかりやすく政治の説明をしなければならなかったから、最初は大変だった」

密林以外の地域でも、女性の意識化が進められた。軍服にショールを羽織った姿で、チアパス高地のアナ・マリア少佐はこう語っている。「村で女性のグループを作って共同作業をするよう促した。村の女性にアルファベットを教えるのも数年前から続けている」

高地出身のツォツィル人で密林に派遣されているラウラ大尉は、幼い頃、父親が畑の日雇い仕事を探している間、母親と一年間サン・クリストバルで暮らしたことがある。兄弟のうち四人はすでに亡くなって、十一人が残っているらしい。

サン・クリストバルから村に戻ると、父親に励まされて町で覚えた読み書きを仕事仲間の女性たちに教えることにした。「当時十四歳だったわ。政治のことやこの国のこと、私たちが貧しい理由、女性のつらさなどを父から教わった……『お前自身の苦しみに気づきなさい』と言われたものよ。ある日どうやって知ったのか、だれも知らない武装闘争があるといって『どうだい？』と聞いてきた。『いいと思う。でもまずは、この村から始めたいの』と私は言った」

ラウラは村の女性たちと共同で野菜を栽培していた。仕事を終えた午後に集まっては、父親に教わった政治の話をみんなにした。しだいにこのお話し会は毎週開かれるようになったという。「女性は男性への不満を口にするようになったわ。『男はなにも手伝ってくれない。子どもの世話は私たちの役目で、あっちで子どもが泣いていたって、男は食事の催促さ』と口々に言っていた。私たちはたくさんのことを話し合ったわ。ちっぽけな村なのに、二十人くらい集まるようになったの」

ラウラは十五歳のときに、村の生活と軍事訓練の中間形態であるサパティスタ民兵になった。そうやって、村を捨てず女性グループからも離れずに、武装闘争を始めることができた。

それ以来、他の女性グループのやり方を学んで活動の場を広げるために、よその村に出かけるようになった。スペイン語を教えて「たくさんのこと」を学んだ。おかげで村のためにミシンの共同購入もできたという。

「夫と話をする女性が増えて、夫に私たちが話し合ったことを言うようになった……そして男が家事を手伝うようになっていったの。もし搾取をやめさせたいなら、まず子どもの世話や、薪や水運びなど、そういうことを手伝ってちょうだいというわけ」

村の女性から見たサパティスタ

アナ・マリアは反乱軍兵士になってから何度も村の女性たちを訪問した。女だてらに武器を持つ彼女の姿は、ツォツィル人の女性にとって明らかにカルチャーショックだったにちがいない。男に混じって銃を持つために スカートに織物、子どもを捨てた彼女を、多くの女性は白い目で見たはずだ。しかしアナ・マリアはそれを否定する。「いいえ、逆に好意的でした。それどころか闘いに参加したいと望む女性はたくさんいたのに、結婚して子どももおり、子どもたちを置いていけないからかなわなかったのです。けれど武器を取ることだけが闘いではない。村の女性は自分たちでグループを作り、共同作業や勉強会を開いて本を通して学んでいます。それにサパティスタ軍を助けている。息子や兄弟、親戚がいる軍なのだから……そして山に食料を欠かさないよう気を配っています」

二十八歳のイルマ大尉の場合は違っている。「友だちには反対されたわ。女は行かない方がいいって……村では女なんて意見を言うことも集会に参加することもできなかった、私たちは数に入っていないの……もし私が家にいたら、暴力をふるう男のもとにいたでしょうね。でもいままでは、父親に売られるのがいやで駆け落ちする女性もめずらしくないわ」

密林のトホラバル人居住地域では当初、若い娘がゲリラになるなんてと白い目で見られたとマリベルは言う。「ひどいうわさがたくさんあったわ。あの娘は男と一緒に山にいるなんてね……でもそうではないことは私たちが一番よく知っていた。ＥＺＬＮの仲間は敬意を持って助け合っている。本当にみんなと一緒なのかわかったものではないと外から白い目で見る人もいたわ。でも、村の多くの女性は、一緒に行こうと誘ってもらうのを待っていたのよ」

山の厳しい生活にどうやって耐えているのか女性たちは不思議がったという。「私たちは質問責めにあったわ。山でどうやって生活しているの？　女性ならではの苦労もあるでしょう。たとえば生理の時にはどうするの？　歩いたり走ったり、飛び跳ねたりしなくていいの？　それに訓練は？とね。みんなこうした苦労を心配していたのよ。それで、村でする以上の苦労はなにもないと答えたわ。頭で想像してあれこれ比べても仕方ない、決断して闘うだけよ。そんなに難しいことではないと思う。生活するうちに学んでいくものよ。

すると、あなたたちみたいにならなければと言って、たくさんの人が入隊したわ。ＥＺＬＮの三分の一近くは女性なの。

入隊したのは、みんな同じ理由からよ。搾取は男性だけでなく女性にもあるのだと、政治を学んで知ったわ。女性が搾取されているなら、より公正なものを求めて闘う権利と義務があると私たちは考えたの。私自身、ここ、もしくは別の場所でも、武器を取って仲間とともに闘わなければならないと思っているわ」

女性の支持を得るべく、サパティスタがどのように村に入っていったかに話が戻る。「私たちは飢えや病気にやられる前になにかしなくてはならないから闘っているのだと女性を集めて話したわ。たとえば政治の話をしに行くときでも、衛生班が健康とはなにか、村に十分な薬も医者もないときにどうやって病気を予防するかなどを説明するわけ」

女性のグループ作りが積極的に進められた。「とても役に立つことだから共同作業を学んでもらいたかった。そして少しずつ先住民女性の組織化が進みはじめたの。はじめはもちろん問題は山積みだったけど、一からやり方を教えていくうちに、問題が生じてどうしたらいいかわからないときに手紙や伝言をよこす以外は彼女たちだけでどうにかやるようになったわ」

グアダルーペ・テペヤック村では、大挙してやってくるジャーナリスト向けに、一九九四年女性たちが共同レストランを開いた。それまでは外国人宿泊用にあてがわれた病院に近い家だけが、食事を提供して利益を得ていたからだ。

村の女性全員が集まって話し合い、利益を得られる人とそうでない人がいるのは不公平だということになって、社会保険庁の病院の前の空地でチェ・ゲバラ・エミリアノ・サパタという名の共同「食堂」を経営することになったのだ。当番表を作り、収益はみんなのものとした。横には共有物を保管する小さな倉庫が建てられた。そばには土とセメントでできたかまどがあり、一週間に一度パンが焼かれた。小麦粉と砂糖はトラックで運ばれ、火曜日か木曜日まで倉庫に保管した。全員が集まると朝からパンをこねかまどに入れて、焼きあがったパンは村の全家庭に行き渡るように配った。

女性たちは満足げだった。「共同作業の方が、みんなが一つになれていい。口先だけでなく行動で示しているから誰にも止められない。私たちは有言実行よ」

一九九五年二月政府軍の侵攻を受け、グアダルーペ・テペヤック村はすべてを捨てて避難しなければならなかった経緯については後述する。さかのぼること十年、すでに村の女性は女性兵士と交流しており、村では地区、地方にいたるさまざまなレベルの先住民革命地下委員会が形成されていた。村への宣伝を指揮したのは地下委員会であり、徐々に女性兵士が村に姿を現すようになっていったのである。

「ときどき村に行ったわ。村人のご指名だと委員会に言われてね。行くのはあくまで委員会の要請によってよ」とマリベルは語る。「リクルート活動は、家族ごとだから遅々としたものだった。村のある家族がEZLNに参加し、協力するようになる。村にすでにグループがあれば、その責任者を男性だけでなく女性からも選出したわ。それで村を訪ねるときには、女性だけを集めて話すことができたの。そこから広がっていって、地域の責任者を選出するようになり、その人たちが委員会を形成したわけ」

語りだした女性たち

アナ・マリア少佐は、EZLNの形成期に女性の参加をとりつけることがいかに難しかったかを率直に語っている。「村の集会や勉強会に来るのはいつも男性ばかりだったから村に行くたびに、男だけでなく女性も組織化して、なにかするべきだと訴えました。女性が腰を上げてなにかする機会を作ろうと、私たちは力を注ぎました。そして『男が勉強したり学んだりするのに、なぜ私たちはだめなの？　私たちも自分を鍛えて、なにかを学びたい。しかも反乱軍兵士には女性もいて、やればできるということを示してくれている。私たちも機会がほしい』と言い出して、たくさんの女性が民兵となったのです」

こうしたなかから徐々にEZLNの女性革命法が形づくられていった。マリベル大尉が経緯を語っている。「女性革命法に関する議論が始まったとき、みんなすでになぜ闘うのか、一般的な項目とは別に要求すべき事柄がなんなのかわかっていた。村にも不公平がある、金持ちの考え方に染まって男たちは女を支配しようとしているけど、そんなの私たちはなんの役にも立たないと仲間たちは言ったわ。

それで女性が議論を始めて、村全体のための一般的な要求以外にも必要なことがたくさんあるという話になったの。

それから、もっと自分たちを参加させるべきだと言い始めたわ。『学ぶべきことは学んだのだから、これからは戦争になったらどうするか、あるいは終わった後のこと、未来に向けての要求や、政治についても話し合える。もっと政治的なことにも参加させて』と言うの。

そして一つの村だけでなく、いろいろな村の女性が集まって文化行事をやるようになった。基本的にはこうした集まりは国際女性デーの三月八日に開催したわ。私たちが喜ぶように、男性同志がそう取り計らったの。その頃組織化が始まっていた青年部という十五歳から三十歳の若者グループとも連携した。それより年上は年寄りと呼ばれるのよ。

女性が集まる際に、ついでに息子たちの活躍も見られるようにと、出し物ができる青年部の若者たちを連れてきたわけ。

私たち反乱軍兵士は、地方の女性みんなと相談しながらこうした行事をしたわ。集会では各代表が闘いについての考えや闘う理由を語ったり、各地方、地域の共同作業の品評会もしたわ」

「女性の参加が高まるにつれて、意見を言う機会も増えていった。たとえば『何人産むかは、私たち女性が決めるべきだわ』とか『もっと戦いに参加したい』『代表になりたい』『給料は男性と同じにしてほしい』など……

労働者の生活について説明したときに、工場によっては女性というだけで給料が安くなってしまうと話したのよ。コーヒー農場でもそう。女性の方が賃金が安いの。それを聞いて、そんな不公平はおかしいということになったわけ。女性革命法を作成していたときの話よ。

この法を起草したのは反乱軍兵士ではなくて、村の女性たちなの。私たちはコーディネーターや通訳として参加しただけ。一部の村や地域ではなくて、全地方の意見が集められたわ。

それからそれぞれの草稿を検討してはまた戻して、『見て、ここにみんなの意見を集めて作った法案がある……』と言って見せながら、委員会メンバーと一緒に一つ一つ意味を説明した。『ここは私たちには合わないから削るべきよ』とか、『別のこれを入れたほうがいい』など、村の女性と試行錯誤を繰り返してこの法が完成したの」

EZLN女性革命法

1 女性はその人種、信仰、政治信条に関わらず、自らの意志と能力が決める範囲において革命闘争に参加する権利がある。
2 女性は仕事をし公正な給料を受ける権利がある。
3 女性は自らが産んで育てることのできる子どもの数を決める権利がある。
4 女性は村の問題に関わり、自由かつ民主的に選出されれば村の任務につく権利がある。
5 女性とその子どもたちは、健康と栄養について基本的な配慮を受ける権利がある
6 女性は教育を受ける権利がある
7 女性は自らのパートナーを選び、結婚を強制されない権利がある。
8 女性は家族からであれ他人からであれ、暴力や身体的虐待を受けることがあってはならない。
9 女性は組織の指導部を担い、革命軍において軍の階級に就くことが可能である。
10 女性は革命法および法規が定めるすべての権利と義務を持つ。

マリベル大尉がつけ加える。「全国的にみれば、すべての女性が密林の女性と同じ状況にいると

いうわけではないわ。だから、他の場所の女性がこの革命法をより豊かにするべきだと私たちは考えている。メキシコの女性の要求をすべて盛り込みたいと思っているから。たとえば看護婦、医師、教師、労働者など、それぞれの立場から必要だと感じている要求があるにちがいないわ」

法が承認された経緯をマルコス副司令官が語る

マルコス副司令官によれば、「個人の利益にはつながらない共同作業の伝統は女性から始まった。その経験から、なぜ我々が闘うのかを女性はすぐに理解することができた。戦闘地域のそばで戦車を目の前に『ええ、私たちはサパティスタよ』と応えられる農民女性の大胆さはそこからきている」

副司令官にとって、女性たちが革命法の承認をせまった一九九三年三月八日こそがEZLNの最初の蜂起だったという。「まいったよ！　ひどい騒ぎだった。ラモナ司令官とスサナ司令官が各村を回った。ラモナは、開放的なツェルタル人に比べて閉鎖的で女性が隅に追いやられているツォツィル人の村を担当した。ふつうツォツィルの女性は、男性と話さないものだ。そんななかラモナが話をして、村々を取りまとめ、女性組織の代表者を決めた。戦争の是非を問うと『いいわ、戦争に行きましょう。でも私たちの法を作るのよ』と結論して、代表者たちはそれぞれの村に帰っていった。

一九九三年三月八日当日は、委員会の集まりで我々は高地にいたが、おそろしい光景だったよ、女性全員がいきり立っていて、男というだけでなにかされると感じた。

女性革命法が朗読されると、全体がざわめき出した。ツェルタル人は、大騒ぎになるからここで話されていることは誰にも伝えないようにしようと、仲間たちに言っていた。

それぞれの言葉への通訳が終わると、女性たちに火がついた。投票台の前に集まっていたみんながそれぞれの言葉で歌いだして、お祭り状態だったよ。幸い誰も男たちは死んでしまえと叫ぶようなことはなかったが。それから私がその法に賛成しないと言うと、すごい悪態をつかれたよ！　すっかりいきり立っていた」

マルコスは、ジャーナリストのアルバロ・セペダ・ネリにあてた手紙で、さらに詳細にこの「最初の蜂起」の様子を語っている（一九九四年一月三十日付ラ・ホルナダ紙）。

ツォツィル人のスサナが怒っている。ちょっと前に先住民革命地下委員会のほかのメンバーが、EZLNの最初の蜂起は一九九四年ではなく一九九三年三月八日で、しかも彼女のせいだとからかったからだ。「私は気が荒いんだよ」とスサナが言う。「私のせいで去年サパティスタが蜂起したんだってさ」。何事が起こったのかと岩陰から様子をうかがいながら、私は慎重に近づいた。みんなは「革命法」について話し合った一九九三年三月を思い返してスサナをからかっていたのだ。当時スサナは何十もの村を回って女性のグループと話し、「女性法」に盛り込む意見を集約していた。先住民革命地下委員会が法制定の投票のために招集され、正義、農業、戦時の義務と権利、女性に関する委員会が次々と開かれた。スサナは、何千人もの先住民女性の意見をまとめた草案を読む役だった……読み進むにつれ、先住民革命地下委員会の集会はどんどん落ち着きをなくし、ざわめきや意見を交わす声が聞こえた。チョル、ツォツィル、ツェルタル、マム、ソケ、そして「スペイン語」の声があちこちで交わされた。スサナはひるまず、全員を前に続けた。

「我々は、好きではない相手との結婚を強制されないことを望む。我々は、自らが望み、育てられる子どもを持つことを望む。我々は村で役職につく権利を望む。我々は自らの言葉を語り、それが尊重されることを望む。我々は学び、運転手にさえなれる権利を望む」。最後までその調子で進めた。終わると重い沈黙がたちこめた。スサナが読み終えた女性法は、先住民の村にとってはまさに革命を意味していた。男たちはいらいらと落ち着かなげに顔を見合わせた。それぞれの通訳が終わると同時に、責任者である女性同志たちは衝動にかられたかのように拍手喝采し、お互いに話し始めた。女性法が満場一致で承認されてはどうしようもない。

ツェルタル人の代表者の一人が発言した。「妻がスペイン語を話せなくてよかった。もし話せていたら……」。するとあるツォツィル人の少佐から「バカね。全部の言葉に訳すのに」と野次が飛んだ。同志は目を伏せた。女性たちは歌いだし、男たちは頭をかきむしっていた。私は、慎重に休憩を宣言したのだった。

スサナが言うには、一月一日に蜂起するなどと先住民同士で決められるわけがないのだから、

ＥＺＬＮは真正の先住民運動ではないと指摘する記事を先住民革命地下委員会の仲間が読んでいると、誰かが冗談で最初の蜂起は一月一日ではなく一九九三年三月だと言ったのだという。みんながスサナをからかうと、彼女は強い調子で「あっちへ行きな、ばかやろう」とか、そのほか訳すのがはばかられるような罵詈雑言をツォツィル語ではいた。だがそれは本当のことだ。ＥＺＬＮの最初の蜂起は一九九三年三月であり、この地でサパティスタ女性が起こしたのである。一人の負傷者も出さない勝利だった。

マルコス副司令官にとって、この法は真の習慣革命だった。「程度の違いこそあれ、女性の疎外はどの民族にも見られる。しかし女性法で承認された内容は、親の承認のないカップルを刑務所に入れたり、バスケットコートに縛りつけたりする多くの村では、およそ想像もつかないことだった。女性売買が現存し、娘が食べ物やアルコールと交換され、その支払いができないために村から逃げ出す者もいる土地柄だ」

マルコスは、女性革命法の承認後に起きたことを語る。「駆け落ちしたあるカップルがつかまって、連れ戻された。娘の方が抵抗して言った。『誰も私をつかまえられない、あなたたちはここで法に賛成したのよ。だから私には一緒に寝る男を選ぶ権利がある』。彼女は村会と対決し、適用しないなら何のための法かと主張したため、村は釈放せざるを得なかった。彼女が釈放されたのは、先住民革命地下委員会のメンバーで法の存在を知っていたからだ、そうでなければ縛り上げられていただろう」

改革が進んでいく

マリベルは語る。「EZLNが来る前は、女性は殴られたり好きでない誰かと結婚させられたりしたわ。それにしょっちゅう酔っ払う夫に山刀で切りつけられないように気をつけながら、泣いて過ごさなければならなかった。

私たちが来てからアルコールを禁じるようになったわ。一杯ひっかけながら知っていることを広めに行くというわけにはいかないもの。

家族や村に問題を引き起こす悪習は、禁止すべきだと決められたの。私が見る限り、そのおかげで村は前より穏やかになってきているわ」

だが先住民の村の男にとって、女性の新しい役割、要求、参加を受け入れるのはたやすいことではなかった。マリベルがこう説明する。「村の男性は、女性の意識変化を目の当たりにしていった。女性が自衛する術を知ってしまったのは、彼らには問題だったわ。『私が行くといったら、集会に行くのよ。みんなとそう決めたのだから』と言われるからね。

腹を立てた男もいたわ。『なんでお前が。行ってなにをするというのだ。女は外に出てはならん』。これがその頃の決まり文句だった。でもその後集会の席上で、もしチャンスをくれないのならなんのための革命法かと女性たちが言ったの。

そして女性も集会に参加して、村の問題を話し合う義務ができた。そうやって、もともと少数だった保守的な男をみんなで圧倒していったの。今では革命法が本当に遂行され始めている。男たちは不思議がっているけれどね。もう女を簡単に殴れなくなったし、本人が気に入らなければそれまでなのだから、父親が望む結婚を押しつけられなくなったのだもの。妻が夫を訴えることだってできるわ。『ちょっと何が起きているか聞いてくださいよ』『私はこんなこと望んでいない』とか『夫に殴られた』などと言ってね……彼女たちはそれを声に出して言えるし、男を刑務所にぶち込むこともある。女性を無理矢理引っ張ったり、乱暴しようとしたりひどく殴ったりすれば、罰として男が働きに行かされることもある。でもこうしたいさかいはもう家庭内ではなく、村会を介して適切に解決されるの。

以前はそんなことできなかった。妻が怒れば怒るほど、夫はいらだって殴った。今は違う、妻はこう言うわ、『態度を改めてくれなければ出ていきますよ』。そして出て行くの。

妻を愛していれば反省して連れ戻す。私はそうやって解決したケースをいくつか見たわ。村の夫婦関係は厳しいものなの。離婚したからといって女性は独りになるわけではなく、二、三人の子どもが一緒に残される。だから取り決めをしなくてはならない。もし私を置いて出ていくのなら、あなたはこれこれのめんどうをみて、私はこの子たちの世話をするとかね。しかも今ではそれを村中が監視しているわ。

つまり問題を革命法に従って解決することを学んだの。それで女性は防衛する術を手に入れた。

強くなって、もう前みたいに卑しめられたりしないの。

ただ習慣は二、三日で変えられるものではないから、うまくいくとは限らない。年月がかかることもあるでしょうね」

ラカンドン密林における女性デー

一九九四年三月八日。目出し帽をかぶった先住民革命地下委員会のメンバーが発言した。夜はふけており、集まった人々を偵察飛行機の目から守っている。四百人ほどの反乱軍兵士が広場に集まり、向かい合わせに二つの列を作っている。一つは男性で、もう一方は女性の列だ。周りには子どもや一般の村人がいた。全員が真剣に耳をかたむける。

「同志のみなさん、サパティスタ軍総司令部の名において、あいさつを読み上げます。本日三月八日、かつて米国の工場で女性の権利を勝ち取るために団結した女性たちに敬意を表しましょう。女性もまた真の闘いのためならどんな代償を払うこともできるのだとして、我々の村のすべての女性はこの例を受け止めなければなりません。

今日という日に、反乱軍、民兵として名を連ねる女性同志たち、また我々の村のすべての女性に友愛と革命の意志をこめたあいさつを送ります……

もう女性が家事や育児、あるいはブルジョワに安くこきつかわれるくらいしか能がないと思い込むことがありませんように。一月一日の『もうたくさんだ！』は、我々の村のもっとも片隅にいる女性のもとにも届くのです」

これは一九九四年三月八日、ラカンドン密林のオコシンゴ渓谷で行われた式典でのある男性教師の言葉である。続いてイルマ大尉が演説を読み上げた。

「親愛なる同志のみなさん。我々は三月八日、国際女性デーを祝うためにここに集まっています。この日は、自らの権利を守るために命を捧げた女性たち、ひどい条件下であまつさえ賃金も支払われずに働いてきた工場労働の実態を知らしめるべく立ち上がった女性たちを記念したものです(……)それゆえに今、我々の要求に賛同する農村や都市の女性同志のみなさんを招いているわけです。女性はもっとも搾取された存在だからです。

女性に学などつけさせず見下しておきたかったがために、読み書きのできない女性が数多くいます。全国の女性同志のみなさん、この連鎖を断ち切り、存在を認めさせるために、男性とともに武器を持って闘わなければならないのです。女性も武器を手に闘うことができます。サパティスタをあらゆる面で支援してくれるようお願いします。大変なことはわかっていますが、勝つか死ぬまで闘って成し遂げなければなりません。他の道は閉ざされているのですからそれしか方法はないのです。我々は、求めるすべてのもの、パン、民主主義、平和、独立、正義、自由、住居、健康を勝ちとるまで闘い続けます。すべて我々貧しい者にはないからです。それゆえいつもだまされて生きてきたのです。読み書きができないために地主にだまされているとさえ気づかず、自分たちのことをよく言ってくれているのだろうと思うのです。簡単にだませるのですから、読み書きできないのは都合がいいわけです。

もううんざりです、家畜みたいにいつも命令されて生きるのはもうたくさんです。いつの日か自由になるために、今日なにをおいてもまず共に闘わなければなりません。遅かれ早かれ、我々は自由を勝ち取るでしょう、必ずや我々は勝つのです。求めるものを手に入れるまで前進しましょう。以上が私の言葉です。ありがとう」

それから歌が始まった。満天の星に下弦の月、ジャーナリストのビデオカメラのライトとカメラのフラッシュだけが、わずらわしく暗闇を照らす。

反乱軍女性兵士が、調子はずれの小声で恥ずかしそうに「ラテンアメリカ大地の女性賛歌」を歌った。「この地の女性たちよ進め、自由のために戦おう、帝国主義に対抗し、革命のために集まって」

三月八日、パーティーの準備をするのはすべて男性兵士だ。豚を四頭殺してさばき、調理する。火をたいてトルティージャにコーヒー、ご飯を用意するのも彼らの役目だ。マルコス副司令官は詩的なたわ言を言い、女性同志のために野の花を集めてかわいい花束の武器を作るよう命じている。密林のうだるような暑さのせいですぐにしおれた草の束になってしまうにせよ。

マルコス副司令官は男性兵士を女性の前に並ばせた。そしておごそかに「国際女性デーにあたり男性同志より女性同志に反乱軍のあいさつを行う」と言った。そして「武器を前へ」「銃を肩へ」などが行われた。

パーティーは続く。村の女性は子どもたちをおぶったり足元で遊ばせながら、若い女性兵士たちの話を満足げに熱心に聞いていた。

とはいえ両者はまったく対照的だった。かたや民間人、カラフルな帯を巻いた伝統的な衣装を身につけ、裸足でやせ細り、母性と調理に閉じ込められてスペイン語がまったくわからない先住民女性たちだ。サパティスタの女性は、栄養状態もよく体の線がはっきりしており、軍靴にズボンの制服姿で武器を下げている。しかも大胆かつ勇敢で、その若さにもかかわらず自分に自信を持っている。ただスペイン語を話せるだけでなく、自分で原稿を書いて、なんの恥じらいも偏見もなく全員の前でそれを読み上げる。人々の前で声を上げてだ。

密林の村でのあらゆる式典同様、三月八日には踊りも欠かすわけにはいかない。車のバッテリーにスピーカーがつながれ、使い古されたレコーダーから音楽が流れ出す。

クンビアの最初のメロディーが始まるだけで、村の独身娘が手をとりあって広場にあふれる。待ち構えていた若者が、女の子同士を引き離して一緒に踊る。でも体を寄せ合うどころか、決して目を合わせることもない。また、既婚もしくは婚約している女性は踊らない慣わしだ。

だが戦争が始まって以来、これらの村に都市からたくさんの女性、民主主義、市民社会がやってきた。チアパスで積極的に活動した人々の大半は女性だ。平和監視オブザーバー（一九九五年二月の政府軍侵攻以来始まった、市民が村に泊まり人権侵害が行われていないか監視する制度）やキャラバンの女の子たちは、たとえ婚約中でもペアを変えながら踊るし、村の他の女性たちにも勧める。密林でも次世代には、新しい習慣が定着するだろう。禁欲的な母親だけでなく、女性兵士やよそから来た女性を見て育つからだ。次世代の心には、生涯不変の伝統など入る余地はあまりないだろう。

ツェルタル人とトホラバル人の踊りは似ている。反乱軍兵士の若者たちは、踊りに誘い出すべく娘たちに殺到し、既婚女性はそれを見ている。接待役を自認する目出し帽姿の地下委員会の男たちはよそ者の女性や女同士で踊っている反乱軍兵士をやさしく誘い出す。

トホラバル人よりも女性が好戦的なツェルタル人は、冗談を言ったり、仲間を追いかけて言い寄ったりして恋に落ちる。イルマ大尉がロランド少佐をものにした場面は印象的だった。少佐のほうもまんざらではなかったのだが。目出し帽姿でふざけ合って笑っていた二人。最後には見つめ合い、互いの武器をこすらせながら踊っていた。

ラカンドン密林の「解放区」でこの十三か月のあいだ（一九九四年一月から一九九五年二月）、いくど同じ光景が繰り返されてきたことか。サパティスタと村人が一つになる姿。武器を持ったコーヒー色のシャツとカラフルな帯をつけた赤い民族衣装のペア、コーヒー色のシャツ同士で帽子とお下げ髪のペア……そして武器、武器。どんなカップルもあり得る。

一兵卒のアスセナが、マルティン大尉と腕を組んでやってくる。輝くばかりの笑顔だ。残念なことに、このカップルは数か月後には離婚してしまう。反乱軍兵士は、結婚も離婚も思うがままなのだ。

マルコス副司令官は説明した。「女性陣はとても勇敢だ。たとえばオコシンゴで、政府軍の爆撃によって数名の同志が市場に足止めをくらったときのことだ。抵抗軍を組織して応戦する指揮をとり命令を下したのは、どうしたらいいかわからず凍りついていた現場責任者ではなく、彼よりも階級が下で負傷した女性兵士だった」

イシドラのことである。私は密林の渓谷で、武器を手に凛とした様子で司令官の護衛を勤める騎乗のイシドラに会った。オコシンゴの戦闘で爆弾の破片を受けた脊髄の傷はもう癒えていた。

一九九四年四月に二十歳くらいだったイシドラは、ジャーナリストの間で評判の絶世の美女だ。目出し帽をかぶっていても、東洋的とさえいえる切れ長の目の美しさは隠せず、セミロングの髪を一つに編んで、茶色の帽子の間からのぞかせた姿は寡黙なアマゾネスそのものだった。

武器を取り、死と隣り合わせの道に飛び込む決意をした背景には、彼女の生い立ちがある。村の生活はひどいもので、教師も学校もなかった。家族は土地を持っておらず、彼女は家で母親の手伝いをしていた。理由はわからないが、ある日政府の役人がやってきて、村ごと焼き払ってしまい、「身一つで追い出された」。それからオコシンゴへ行って二年ほど暮らしたが、やはり密林に再び戻ることにした。「私たちは山の中に入り、小さな集落を作ってそこにとどまった」

あるときEZLNを知り、すぐに入隊を決意した。兄弟のうち反乱軍兵士になることを選んだのは彼女だけだが、両親も賛成してくれた。EZLNに入って、家族はかえって安心しているとイシドラは言う。そこなら少なくとも食べるものがあるからだろう。

オコシンゴのヒロインになるとは、彼女自身夢にも思っていなかった。インタビューすると、ひどく照れながら武勲を語ってくれた。「一月二日午後、政府軍がオコシンゴに到着したわ。私たちは市場で配置についていて、軍隊が来たとマリオ少佐が知らせてきた。その日破片で片目を失っていたベニト大尉は、指示が出るまで動かないようにと言ったわ。トラック二十台以上もの兵士がやってきて、私たちは銃撃を開始した。私が最前列で四十名の民兵を率いていると、ベニト大尉とエリサ大尉が負傷したという知らせがきて、指示がないままそこに取り残されたので、自分の兵を統率しなければならなくなった。外に出ずに命令を待った。夜の九時にはもう全員が負傷していて、どうしていいかわからなかったし、私も背中と手首に手榴弾の破片が、足には銃弾があたっていた。でも歩けないにせよ、足をひきずって動くことはできたわ。私は負傷者全員を、できるだけひきずっていかなければならなかった。私の部下なのだから、置いていくつもりはなかった。生きている限り彼らを見捨てはしまい、もし置き去りにしたらやつらに殺されてしまうだろうと心のなかでつぶやいたの。市場に残ったのは死者のみ、数はせいぜい四、五名。一般市民も命を落とすほど政府軍の乱射はすごかったわ。相手は大勢で私たちはほんの少数だった。こちらはほとんどがすでに退却していて、残っていたのはわずか十数名の反乱軍兵士と民兵だけだったから。民兵にはいい武器はなくて、二十二口径ライフルか木製の猟銃を手にしていた。

午前二時、幹線道路に出るために農園に潜入したわ。夜が明けても、どうしたらよいかも他の同志たちはどこにいるのかもわからなかったし、私は傷がはれて動けなかった。死ぬだろうと思ったわ。ところが仲間たちが私たちをみつけて運んでくれたの」

一九九四年一月一日、サン・クリストバル・デ・ラス・カサス占拠の指揮をとったアナ・マリアは次のように語る。「戦争開始を投票によって決めた後、作戦が立てられていきました。一部隊を任された私は、指揮官として模範を示すため、仲間たちに先んじて最前列に行くことになりました。組織は隊単位で、私は千人かそれ以上の非常にたくさんの民兵がいる大隊を指揮しており、これをいくつかの小隊に分け、それぞれに指揮官を置きました。各指揮官はどのように攻撃するかなどの訓練を受けており、一人一人がやるべきことをわきまえています。サン・クリストバル占拠の際には、ある隊は待機、別の隊は待ち伏せを、または出入り口の警備を担当するなど、各隊が任務を遂行しました。市庁舎への入場を担当した隊もありました。翌日セレソ刑務所を攻撃したとき、扉を開けに入って囚人を解放したのは女性兵士でした」

ラス・マルガリータスのラジオ局を占拠する任務についていたマリベル大尉はこう語った。「反乱軍に属しているので、一月一日になにが行われるか明確にわかっていた。兵が一か所に集まり、ラス・マルガリータスに行ったわ。それぞれに任務が与えられていて、私はラジオ局を占拠することになっていた。なんと言っても一度しか来たことがなかったので、私たちは町を知らなかった。正確な場所すら知らなかったのよ。それで覆いのないトラックに全員で乗って、うっかり市庁舎の門の前を通ってしまったの。警官が正面にいたけれど、こちらに一瞥をくれただけだった。でも通りすぎて角に来ると、今度はトラックのタイヤがパンクしたわ。そこで仲間たちを降ろして、残りの道は走ることにした。目的地までは遠かったけれどね。降りてから、私は指定された場所を占拠するための作戦を指揮した。

退却命令に備えてトラック調達係を選ぼうとしていたとき、市庁舎で発砲が始まったの。でも私たちのところまでは攻撃されなかった。主な任務は、私たちの闘争を州全体に知らせるカセットをかけてくれるよう、ラジオ局に要請することだったけれど、誰もが新年を家で祝っていたから局はがらんどうで、できなかったので、局を占拠し、退却命令がくるまでそこで待機した。私は午後に退却したので、カセットは他の同志がかけたわ。

二日には農園主の武器をうばう使命が与えられた。私は命令どおりに再び隊を組織し、農園を占拠して、そこにあった二十二口径や大口径銃、手榴弾などを回収した……

私たちが戦争を始める以前、ある農園は我々の仲間をサパティスタと知って追い出したことがあった。銃や手榴弾などを使って、身一つで追い出したのよ。そのときサパティスタ司令部は、なにもする必要はない、別の村に避難したほうがいい、そして戦争が始まったら武器を取り戻そうと言ったわ。

そしてそのとおりになった。農園主は不在で、いたのは代理人だった。私たちはそこを包囲して、武器を引き渡すように言った。彼の答えは否、武器は持っていないとのこと。入って調べてみると武器はあったわ、私たちに渡したくなかったのよ。

翌日は一年前に追い出された仲間たちを連れていったわ。あのとき以来、衣類もベッドも家もなにもかも持ち出せずにいたの。それで仲間を連れてきて、ここに置いてきたものはどれかとたずねたの。ああこれは私のめんどりだ、それは私のベッド、それが私の家といった具合だった。今はあなたたちのものよ、と私は言った。こんなふうにして始めて、それを広範囲に進めていったの」

マリベルはきっぱりと「要求が満たされない限り、この闘いをやめることはない」と言う。また将来したいこと、なりたいものについては「村の考え次第。もしもうお前は兵士でいる必要がないと言われれば、私は自分と村のためになる別の仕事に就くでしょうね」

ラウラもまた大尉である。マルコス副司令官は、他の大尉たち同様、先住民革命地下委員会のメンバーの前で試験を行った後彼女にこの地位を与えた。

アナ・マリアにサン・クリストバルが、マリベルにラス・マルガリータスが割り当てられたように、ラウラにはもっとも難しい戦闘、オコシンゴ占拠が命じられた。

密林を出て目的地に向かったときの気持ちを彼女は次のように語る。「緊張するけど意識ははっきりしていて、同時に自分をコントロールしなければならなかった。八十名の民兵と四名の反乱軍兵士が私の指揮下にいる。大尉として彼らを勇気づけ、統率しなければならないのよ。私が前に進まなければと思ったわ」

彼女はただ一つのことを心に留めていたという。「命中させようとだけ考えていた。相手が倒れるのをみるのは信じられないほどの感動なの。撃つときははずすわけにはいかない、一発たりともはずせない、そのことを頭に浮かべるわ。そのうえで部下たちに命令し、勇気を与える。ねらいを定めて、撃てというわけ」

ラウラは今後について何も考えていない。彼女は現実家であり、自分の一部であるという武器を握りしめている。もし平和が実現したら、何をしたいかあるいは何になりたいかという質問にはこう答える。「私は軍人であり続ける、それが唯一私にできることだから。読書や勉強も好きだけど……それに戦争に勝ったら、戦争の感覚というのが残るものでしょ？　人は自分が学び取ったものを持ち続けたいのよ。つまり私の場合軍人でいること。それに武器は体の一部みたいなものだから、性に合っているの」

ラウラの背筋が寒くなる証言は、さまざまな疑問を引き起こす。これが終わったらどうなるの？故郷の女性の日常生活とかくも離れた、彼女ら若い戦士にとって社会にとけこむどんな可能性が開かれるのだろう？

反乱軍女性兵士になったわけ

「自らの権利を守るため、兄弟のため闘ったがゆえに殺された息子たちに、どれほど多くの母親が涙を流したことだろう。どれほど多くの母親が、行方不明になった息子たちの痛みを感じたことだろう。どれほど多くの母親が、医者や薬不足のせいで出産で命を落としたことか。どれほど多くの母親が栄養不足で死んでいったことか。どれほど多くの女性が虐待され、だまされて不当な賃金を受け取ってきたことか。どれほど多くの女性が栄養失調や貧血にかかっていることか。女性は子どもたちとともにこうしたひどい不平等にあえぎ続けている。村をよりよくするための何かを求めて闘ったり自分たちの権利を守ったり要求したり、悪い政府に対抗したというだけで逮捕され、暗殺され、拷問された女性がどれほど多いことか。どれほど多くの未亡人や身寄りのない孤児が、今日この不公平な生活に苦しんでいることか」

これは正義と尊厳ある平和のための国民協議に際してマリベル大尉がメキシコ女性にあてたメッセージの一節である。

「我々女性兵士には、これらすべてが不公平に思えた。だからすべて終わらせるためにいかなる犠牲を払うことになろうと問題ではなかったし、いまでもそうだ。我々にとって一番の苦しみは、メキシコの人民、国全体が味わっている苦しみだ。だが、これほどの不公平を目の当たりにして得たのは苦しみだけではなく、同時に闘う勇気も得た。それでいま男性同志と並んでここにいるのだ。悪い政府に押しつけられたものに逆らうため準備し、武器を手にしている。ようやく我々の方を向いて耳を傾けるが、それは姉妹である女性のみなさんが国中で行動してくれたおかげである。みなさんの勇気と支援に感謝する」

一九九五年八月、EZLNは自らの将来を投票によって探った。この前代未聞の国民投票に際して、反乱軍の若い女性はすべての女性に参加をうながすメッセージカセットを送った。若い女性の声が読み上げる。「サパティスタの女性たちは一九九四年一月に言った、『もうたくさんだ！』と。そして悪い政府は爆弾、戦車、軽機関銃で応えた。ここには倒れた同志たち、息子を失って泣きくずれる母親がいた。悪い政府の口から発せられた命令は軍事攻撃だったからだ。だが市民社会が目覚め、悪い政府が耳を傾けるようになったのだから、流された血は無駄ではない」

サパティスタ女性は組織化を強く呼びかける。「私たちは女性として、自分の権利を守るために闘わなければならない。そして闘いによって耳を傾けさせ尊重させるようにするのだ……なぜなら私たちも勇気と力を備えた人間であり社会の一員であり、責任者になれるのだ。メキシコの姉妹のみなさん、私たちには自らの権利のため、何年にもわたって苦しめられてきたひどい不平等、ひどい不公平、搾取を終わらせるために闘う権利がある。こうした苦しみは、これまで団結せず、悪い政府にやりたいようにさせてきたせいなのだ。もう十二分に我慢してきた……兄弟たちが悪い政府の弾に倒れるのを見てきた。正義、自由、民主主義を求めて闘っては、殴られ中毒にされ、拷問され暗殺された。たとえば一九六八年十月二日の虐殺を思い出そう、若い学生たちが流した血だ。また悪い政府が国中、メキシコのいたるところで先住民に対して行った虐殺を。殺すために金があり、武器があり、組織された軍隊があるのだ」

メッセージは続く。「メキシコ軍人の母親の方々に、息子によき忠告を与えてくれるよう呼びかける。悪い政府が村に下した命令を遂行して命を落とすのは正しいことではない。そこは故郷であり、母親は私たちすべてのメキシコ人を迎えてくれる存在なのだから」

メッセージはこう締めくくられる。「みなさんを一九九五年八月二十七日の国民投票に招待する。姉妹のみなさん、この投票によって私たちサパティスタが知りたいのは、みなさんの心にある思いだ。民主主義、自由、正義のための闘争の歩みをよりよい方向に持っていくために」

演説の後には、避難中のグアダルーペ・テペヤック村の若者数名の歌声とギターの伴奏が入っている。「反乱軍兵士がいるぞとみんな僕のことを言う／法を探し回っていると言う／僕は他の人たちと一緒に／ブルジョワ国家を終わらせたい／九つのことのために僕らは闘う／今からそれをお話ししよう／終わる頃には僕らを応援したいか決めてくれ／耕すための土地／住むのに必要な屋根／みんな平等の教育を／僕らは求める／僕らには健康が必要だ／そのためには食べなければならないし／生産するための仕事も／僕らは求める／これら全部をまとめてみれば／アメリカ野郎が僕らを踏みつけ／僕らの村を搾取しにくることのない／完全な独立だ／そのために僕らは勝つと誓う／そのために僕は闘う決心をした／そして手に入れる／平和と自由を」

最後に若い女性の「祖国のために生きるか自由のために死ぬ！」という声が聞こえてくる。

女性に捧げる歌はこうだ。「メキシコの私の村に／歌いに私はやってきた／コリードでも／民衆歌でもない／みなさんこれは呼びかけだ／闘いへの呼びかけだ／怒っている場合ではない／泣いている場合ではない／闘う決意のメキシコ人の同胞よ／いまや準備するとき／闘う準備をしようじゃないか／民兵になること／反乱軍兵士となることは／決して簡単ではない／勇気を持って／誇り高く／「反乱軍兵士になりたい」と言わなくては／これを終わらせなければならないと決心した／今日の私のように／仲間のみなさん／私は闘うためにここにいる／そうして祖国のために生きるか／自由のために死ぬ」

ラ・レアリダー村を横断する政府軍

7　サパティスタの支持基盤

ラ・レアリダー村の歴史

ラ・レアリダー村までは、密林の奥に向かって百キロ以上の道のりを行かなくてはならない。グアダルーペ・テペヤック村を過ぎ、セロ・ケマドの丘を越えた平野にある。

土壁に木材でできた家並みは、まっすぐに伸びた一本の道路によって左右に分断されている。天井にアルミ板を張っている家もある。そのあいだを、冷たい小川がカーブを描いて流れている。

この地域のほとんどの村がそうであるように、家は二棟だ。一つは寝るための場所、もう一つは女性の縄張りである台所だ。

一九九五年春、私たちはある家の台所を訪ねた。台所の主ルスは四十二歳のトホラバル人で、長い三つ編みを背中にたらし、村の女性に典型的な格好をしている。本人いわく「ちょうちょみたいな」はなやかではっきりした色の衣装、緑のレースでふちどられた蛍光黄色のワンピースに白いふちどりのある青い前掛けをしている。足は裸足だ。気が強く誠実で美しい人である。子どもは二人だが、もう孫もいて「二家族」だという。

壊れそうなテーブルの前のベンチに座って、ピューターのカップでコーヒーをいただく。作りたてのトルティージャが鉄板《コマル》から器にのせられて運ばれてくる。こんなにもあたたかくておいしいコーヒーに称賛が続いた。そして既製品ではなく手作りで「とうもろこし百パーセント」の信じられないくらいおいしいトルティージャについては言葉もでない。

私たちがお礼を言うとルスは微笑む。彼女は黙って「私の客人たち」を歓迎してくれている。ルスはジャーナリスト仲間のヘススとマルガリータスがタバコに火をつけ、他の人にも勧めた。彼女は近づいて手をのばし、差し出された箱を受け取る。ライターの方に体を傾けて火をつける。彼女はタバコを吸うのが好きで、煙を一気に吐き出して親指と人差し指でタバコをつまむ。雰囲気やカラフルな服装の女らしさとは対照的に、少し男っぽい感じだ。これがラ・レアリダーの女性、つまりサパティスタ支持基盤である女性とのおそらく最初の出会いだった。

激しい雨が降りしきるある夏の夜、この家の女性がつい最近の武勲を語ってくれた。会話の間にカップのコーヒーは底をつき、明かりはかまどのおき火と小さなろうそくだけだ。私は思い切って録音機を取り出し、許可をとってスイッチを押させてもらった。

政府軍兵士がラ・レアリダー村に現れる

一九九五年二月、政府軍がラカンドン密林に進軍した。グアダルーペ・テペヤック村を占領すると、軍用コンボイはラ・レアリダー村めざしてさらに奥に進んでいった。

だが集落には誰ひとりいなかった。ラ・レアリダー村の人々は全員山に避難していたのだ。「兵士たちがやってきているから、山に避難するように言われたのさ」とルスは語る。

子どもたちは飢えと渇きに泣き叫び、野ざらしの生活がトホラバルの人々の胃腸や肺などの健康をむしばんでいった。ある母親はこう回想する。「山には蚋《ぶよ》がたくさんいた。やぶ蚊やら心配ごとやらで、子どもたちは熱を出すし……」

女優のオフェリア・メディナとメキシコシティの二人の若い女性オブザーバーが見張り役を買って出て、村の人々が安全に家に戻るまで付きそうことになった。そうして帰村した。「ここそこ隠れるのはもうごめんだ。子どもたちは泣くし、あんなに苦しい思いをして、喉の渇きや飢えを耐えるなんて……それで午後に戻ってみると、軍隊はいなくなっていた」

パラシュートやヘリコプターを阻止するために打ちこんでおいた杭は、軍によってすべて引き抜かれていた。その日のうちに「打ち直した」とテレサ婆さんは言う。

翌日八台の戦闘車が村の道路を走り抜け、夜にまた戻ってきたものの、停車することなく去っていった。三日後に、数をずっと増やしてまた村に入ってきた。「人道的援助」物資を運び込み、村のまんなかで「社会奉仕」を行うつもりなのだ。

ルスが語る。「十台くらいのトラックに兵士が七、八十人いたよ。礼拝堂の裏から入ってきて、すぐに彼らの車だとわかった。そして武器を手にメガホンを通して、危害を加えに来たのではなく和平のために来たのだから、怖がらないで近くに来るようにと叫んだのさ。だけど和平だかなんだかわかったものじゃない」

最初に応対しようとしたのは、シティからやってきていた市民キャンプの若い女性たちだったが、まったくの失敗に終わった。ルスが続ける。「二人の女性が彼らと話しに行って、女性や子どもが怖がっているから入ってこないようにと言った。すると兵士たちは『よそ者のあなた方になにがわかるものか。あなた方の出る幕ではない』と答えたのさ」

村の女性が、自分たちだけで問題の解決にあたる決心をしたのはそのときだった。

「女七人で話しに行った。大声を出しながら物を配るのはやめておくれと言いに行こうとしたんだ。私たちが近づくと『こんにちは！　ほら、食料を受け取りにご婦人たちがやってきましたよ』と言った。

だから言い返してやったよ。『いいや、物をもらいにきたわけではない。礼は言うけど、受け取るつもりはないよ。欲しくないからね。そんな物を頼んだ覚えはない。施しにやってきてくれたのはありがたいが、悪いけど受け取るつもりはない。薬なんかいらないよ。子どもたちはおびえるし、女性まで恐くて具合が悪くなるじゃないか』

『なぜ怖がるのですか？　我々は危害を加えに来たのではなく、政府からの贈り物である食料を届けにやってきたのですよ……』

『贈り物だかどうだか。私たちはなにも欲しくないよ』

『ほう、何も欲しくないと。さてはサパティスタですな！』

『何のことだかわからないね。うわさぐらいは聞いてるけど、あんたたちの靴《サパト》の名前か何かなのかい？』

『それならばなぜ受け取らないのです？　あっちのヌエバ・プロビデンシア村やサン・キンティン村は我々の味方ですぞ』

『そうかもね。でもあっちはあっち、ここはラ・レアリダー村だよ。私たちは受け取らない、困っているのはこの村だけではないんだからさ。私たちだけにというのはごめんだね。農民を政府が思いやるなら、助けてもらいたい。でも一つ二つの村だけではなく全員をだ。実際、政府は私たちのことなど考えていやしない。どんどん兵士や戦車、軽機関銃を送り込んできているじゃないか。それが私たちに送りつける薬なんだ』

『ヌエバ・プロビデンシアはあっちでここはラ・レアリダー、ここは解放区の村なんだ』

すると兵隊は私たちを見つめ、お互いに顔を見合わせて言ったのさ。

『しかしご婦人、ほんの少し話を聞いてもらえませんかね』

『いやだね。聞く気はないよ。軍隊はごめんさ。とっとと出て行っておくれ。それが私たちの望みさ』

『ほう、みなさんは何もいらないということですね。あなた方が代表で、何もいらないのですね』

『薬も何も必要ないよ。ほんとうに私たちを思いやってくれる人たちに助けてもらっているからね。市民社会の人たちだよ。薬ももらったさ』

『ほう、で発起人は誰ですか?』

『私たちみんなが発起人だ、私たち全員だ』

『わかりました。ここのご婦人方は何もいらないということですね』といった具合だったよ」

ルスが一呼吸入れようと話を中断すると、録音機のまわりには家中の女性、彼女の母親や姉妹も集まっている。みな体験者であり、笑いながら喜んで話に協力してくれる。

「兵士たちはばかにされたとすごく怒って、何も欲しくないのかと言った。それから私たちの顔から全身まで、何枚の写真を撮ったことか。ひっぱたくとか鞭で打つとか私たちのことを脅かしたよ。『みなさんのお望みは武器のようですな。鞭で打たれたいのかな』と言ってね。『やれるもんならやってみな。死ぬのなんて恐くないさ』と答えてやったよ」

そのとき割って入ったのは村の産婆のテレサ婆さんだったらしい。大胆かつ勇敢にも軍人たちに言ってのけた。

「これっぽっちでは受け取れないね。私たちは大勢いるんだから、これでは村のみんなに行き渡らない。欲しいことは欲しいけれど、トン単位でだ。チアパスだけでなく国全体のためにさ。もし援助したいならうそをつくのはやめておくれ。政府はうそばかりじゃないか」

兵士たちは最初に話しかけた二人の若い女性のことを言い出した。

「シティから来た娘さんがみなさんを煽動しているのですね。そこの眼鏡のお嬢さんですよ。でも彼女たちを信じてはいけませんよ。だまされないでください、言っていることは全部いんちきです。よそ者を信じてはいけません」

「煽動されてなどいないよ。この人たちが誰なのか知らない。私たちの村から出ていっておくれ、ほかの誰でもない私たちが命令しているんだ。そこに道路があるから通りたければ通っていくがいい、でもとっととしておくれ」

ルスによれば、村の女性たちが集まって戦略を立てようと決めたのはそのときだった。

「いったんそこを去って村の女性全員集まることにした。声を上げて兵士を追い出さなければならないと思ったのさ。『みんなあそこで配っているものが欲しい?』『いらないわ』『それならば、そう言いに行こう。あんたたちの配るものはいらないと伝えよう』

恐がって家に残った十数人をのぞいて、女ばかり百三十人くらい集まったよ。子連れもいた」

全員一緒に、しっかりした足取りで兵士の車に戻った。ルスたちが来るのを見て「贈り物を受け取りにやってきたのですね」と言ったという。

ルスの説明が続く。「でも差し出した手を止めてびっくりしたふうだったよ。袋を受け取らずに言ってやったからね。そんな武器を手に近づいてきたら驚くさ。子どもが寄ってきて欲しがるとでも思っているのかいってね。

『みなさんに危害は加えませんとも』

『でもあんたたちにここにいてもらいたくない』

『それでは慣れてもらうために毎日やってきましょう、それにこの村に一晩とどまることにしましょう』

『もう来てもらいたくない、出ていっておくれ。だれかにめんどう見てもらうことには慣れていないのさ』

兵隊の前は村中の女であふれかえって、トホラバル語だのスペイン語だのでみんな一斉にわめきだしたよ。

『政府のばか野郎、平和を望むと言わなかったかい？　なのにここに軽機関銃や戦車を送り込んでいる。政府は私たちに平和をもたらしていない、全部うそだ』

『ほう……あなた方はサパティスタ女性ですね』

『そんなこと知らない。何だいそれは？　人間、それとも動物かい？　知らないね。知っているのは、あんたがはいている靴《サパト》だけだ。私らは持っていないけどね』

それで兵士たちは私たちをじっと見て、ようやくメガホンで話していた人が言ったのさ。

『では、みなさんにわかってもらえるよう私が少し話をしましょう』

『聞く耳持たないね。政府は本当の助けをくれずに、私たちを搾取している。収穫してもみんなただで持っていってしまう。ぬくぬくと立派な椅子に座って、神様みたいなご身分だ。富だけを崇拝しながらね、自分の神を持たないのだから』

『このご婦人方ときたらなんて話し方をするやら……つまりあなた方は組織されていて、ほしいのは鞭打ちなのですな』

『そっちが鞭ならこっちだって鞭を持ってきてやるよ』

実際には手出ししないで、ただ私たちのことを見ているだけだったけどね」

そのとき年老いた別の女性が反撃したという。

「私の手がどんなにすすだらけかごらん。私たちはいつもそうやって暮らしている。水の時間になればびしょぬれになって水を担ぐ。とうもろこしも担ぐし、山刀をふるって畑を二倍にもする。あんたたちも同じように働いてごらん。つらくて我慢できないだろうよ。車に乗ってなければ居心地よくないのだから。私たちが歩いて薪を運ぶのをあんたたちに邪魔されるのはごめんだよ」

「では我々もお手伝いしますよ。薪を割りに行くのに付きそいましょう」

「軍隊に付いてきてもらう必要はない。一人で歩くのに慣れているし誰かに後をつけられるのはいやだ」

「そうですか。誰があなた方を組織したか教えてください」

「誰も組織していない。私たちをいまだに攻撃を恐れて泥の中を歩く動物だと思っているんだね。人間が何も考えないなんてことがあるものか。私たちが何も知らない、何も考えないと言うけど、単に言葉の言い方がよくわからないだけなんだ。でも誰にも組織されているわけじゃない。いつも一人一人が何をするか考えるんだから、そんな必要はないのさ」

「わかりました、もう行きますとも。出て行きますよ、さようなら」

そのとき以来、政府軍がラ・レアリダー村にとどまることはなくなった。ほとんど毎日村を横切る道路を通行しているものの、停車することはない。

村人の抵抗

すべての始まりの日、チアパスの人々の生活を一変させた一九九四年一月一日以来、先住民女性はさまざまな戦いを繰り広げてきた。

一九九四年一月六日、オコシンゴ。うす汚れた市庁舎の前にできた女性の長い列が、政府軍兵士から食料袋をもらうのを待っている。砂糖に塩、米、石けん、油、マカロニ、お菓子などだ。

全員がもらえるわけではなく、軍部が提示した条件を満たさなければならない。それは夫を連れてくるということだ。夫がそこにいなければ蜂起に参加していると疑われ、サパティスタということになるわけだ。烙印を押された女性、子どもを抱えた母親は絶望にうちひしがれて去っていく。

一年後の一九九五年二月、政府の仕打ちを知った彼女たちはもうもらいには行かないだろうし、政府のいかなる援助も拒絶するだろう。

一九九五年二月十三日、パティウイツ。ジャーナリストのコンボイが駆けつける。戦車を並べた軍人がメガホンで住民に呼びかける姿を撮るためだ。十三か月の間サパティスタ地区で行われなかった「社会奉仕」を果たすため、食料を持ってやってきたのだ。

近づく者はいない。テレビカメラは嫌われ者の兵士たちの成功を撮影する。兵士の一人が女の子の腕をつかんでトラックに引きよせ、袋を渡したのだ。ツェルタル人の少女がうなずくと兵士に笑顔が広がる。やっと「援助」を渡すことができた！　が、二十メートルほど離れると袋を放り、少女はカラフルな美しい衣装と三つ編みを風になびかせて走り去っていく。

一九九五年二月、三月、四月。グアダルーペ・テペヤック村の人々の逃避行。密林でもっとも進んでいて、全員がサパティスタ、すべてを話し合いで決め、運命を百パーセント抵抗に賭けていた村、グアダルーペ・テペヤック。

二月九日グアダルーペ・テペヤック村からすべての住民が避難した。出産したばかりの女性や、初産を泥や石ころだらけの山で迎えた十六歳の少女もいた。それからさらに赤ん坊の数は増えた。避難先で肩寄せ合って眠る日々に産まれたのだ。母親のショックや疲れから予定より早く生まれた子もいる。

その後、数週間の宿と食事を提供してくれたどこかの村のお祭りで洗礼を受けたことだろう。ひどく貧しい村では、わずかばかりの食料を極貧の者同士で分けあうことに何のためらいも感じないのである。グアダルーペの人々は、お返しに水路作りを手伝い、深く根づいた共同体精神で一丸となって、逆境を踊りや強さではね返す誇りを置いていく。

グアダルーペ・テペヤックでは若い女性がズボンをはくこともある。トホラバルの他の村では考えられないことだ。鉄板《コマル》や平鍋を背負っての逃避行でもズボン姿だった。母親は子どもを抱き、馬はほんの数頭で、男たちは荷物に押しつぶされそうになりながら、全員で安全な場所を求めて密林の中を移動したのだ。

この村の若い娘を見分けるのは簡単だ。はにかまない大胆なまなざしからも、シンプルなスカートに白い運動靴、ふくらはぎできちんと折った靴下、花模様のブラウス、カラフルな髪リボン、そして「EZLN」と刺繍された目出し帽からも、それとわかるのだ。特別なときには、口紅やアイシャドウ、頬紅をさすこともある。そうやって世間を挑発して歩くのだ。彼女たちを見ると「前と同じではない」、もしくはトリニダー司令官が言うように女性にとって「道はすでに開かれた」と感じる。

一九九六年七月、グアダルーペ・テペヤック村にはまだ帰れず、村人たちは新しいグアダルーペ村を建設した。ジャーナリストが「どこに?」とたずねたそうだ。タチョ司令官はすまして「密林のまんなかに」と答えた。男たちは木を切って道を開き、全員の家を建てた。居場所をすべて失った女性たちは、物不足の新しい環境で、花があふれる中庭と深鍋や土鍋を備えた台所のあるなじみの我が家の苦い思い出に慣れなくてはならなかった。グアダルーペで最年長のドニャ・エルミニアが言うように、「またゼロから始め」たのだ。

二月の軍事侵攻は、別のサパティスタ地区にもつらい跡を残した。ツェルタル人の村エル・プラドの男や女は、山で飢えと寒さを耐えた後、村に戻った。そこで目にしたのは信じられない光景だった。彼女たちの世界は、兵士にむちゃくちゃにされていた。壊されたかまどに、割られた粉ひき器、台所で役に立つものはすべてなくなり、ある家は燃やされ、とうもろこしは地べたにちらばり、わずかばかりのフリホール豆には糞尿がかけられ、衣服はずたずただった。エル・プラド村の住民が我が家をめざして蟻の列のように徐々に山からおりてきた朝、空には嘆きの声が響いた。

無傷で残ったものは何一つなかった。山刀も、斧も、楽器も本も、太陽熱発電器も、何もなかった。水道管はこなごなに砕かれていた。

泣き叫ぶ子どもを連れた女性たちもまた泣いていた。腕を上げて手を広げ、「ピシル」と言った——ツェルタル語ですべてという意味だ。つまりすべてが無に帰したのである。そしてスペイン語で話さずに、私を家の中に案内し、破壊の状況を見せてくれた。この苦しみ、払わされる犠牲のあまりの大きさをカメラにおさめてほしかったのだ。

村はずれ、灰のなかに一人の男と、三人の子を抱えた一人の女。茫然自失の二人に、子どもは泣こうとすらしない。家に残っていたのは灰だけだった。「ここに寝室が、こっちに台所があった」。男は力を落とした腕で示した。

数時間後。その日の午後私たちは悲しみにうちひしがれた村を後にした。あの家族は同じ場所、灰の中にいて、女性が泣かない子どもたちを抱え、悲しみすら忘れて呆然と立ち尽くしたままだった。

数日後村会の決定により、村の男たち全員が協力して新しい小屋が建てられた。一九九四年以来古来のやり方を復活させ、全体村会と古老会議と名づけて自治を実践してきたアルタミラノ渓谷部のモレリア村でも、大急ぎで逃避行が始まった。政府軍が裸足で歩く村人から半時間以内の距離まで迫ってきたのだ。

人々は集まって足をまめだらけにしながら一緒に逃げ、水不足でどんな水も飲んだために胃腸の病気が蔓延し、また途中で産気づいて道中もしくは山の中で母親となった女性たちもいた。チアパス高地も非常事態に陥った。日中はサパティスタと疑われないよう家を離れて山にこもっていなければならないため、夜に機織をしたと、多くの女が語った。

一九九五年五月、オコシンゴ行政区パティウイツから数キロのところにあるバテアトン村では、日常訓練で空に向けて銃を撃つ兵士の存在に苦しめられた。「兵士は出ていってほしい、民間人を苦しめないでもらいたい」と村人たちは人権擁護委員会で訴えた。「女性が畑に行けなくなっている。村は貧しいので女性も働いているが、今は恐がっている。あんなふうにショートパンツや軍服姿の人を見たことがなかったし、兵士が毎日ばかげたことをしにやって来るからだ」

「軍隊は密林から出て行け！」

一九九五年六月、密林の片隅で和平対話の行進についてサパティスタ支持基盤の人々による信任投票が行われている間、女性代表による怒りの演説を聞くことができた。集まった四百名以上のトホラバル人と十四名のジャーナリスト――この場に駆けつけるために二日間歩き続けた――を前に、三人の女性が順番に話した。

「軍隊は出て行け」とこぶしを振り上げて女性たちが叫ぶ。それからガブリエラという女性が子どもをそばにいた仲間の胸にあずけると、演台の前に出てきて流暢なスペイン語で演説を読み上げた。「私たちは、正しい要求をしていると考えています。だから政府はそれを解決してくれるだろうと思ったのです。残念ながら、政府は口で言ったような解決を望んでいないことがわかりました。解決のかわりに、挑発するように軍隊を送りつけたからです。貧しい農民にとって軍は障害だと思います。政府軍がいるところでは、落ち着いて仕事ができません。私たちを脅して、攻撃的なやり方で尋問したり、守る必要のないような命令をします。こちらはうんざりしているのに、武器で脅しながら言いつけるのです」

ガブリエラの次には一人の少女が立ち上がった。エルメリンダだ。同じようにカラフルな衣装を身にまとい、スカートは密林で流行っているチョウの留め金がついたベルトでとめられている。バンダナで顔を隠したエルメリンダはマイクを握り締めて語った。「現在、軍隊がサパティスタ地区のいたるところにいるせいで、仕事ができません。とうもろこしを担いでいる横を行進して恐がらせ、脅します。それで私たちは独りで歩くことができないのです。軍隊がいるせいです。ときどき薬を取りに行ったり散歩したり、食糧を買いに行こうとしても、恐がらせるので、目的地まで行けないのです。私たち貧しい農民はしょっちゅう病気になるのに、軍隊が恐くて外に出られません。

軍隊は出て行け！」

三番目の発表者イレネが、この地域の問題を明らかにし、それを国全体のこととしてとらえるべく演台に上がった。「メキシコでは、私たち極貧のうちに暮らす側の女性、とくに農民の女性が、国の発展のために一番働いているというのに忘れ去られています。畑で働き、主婦が働きやすくなるための充分な援助もありません。政府は私たちをまったく気にかけてくれません。きっと私たちがスペイン語でうまく表現できないからでしょう。私たちの母語はいいものではないし、機械や道具を使いこなせないと彼らは言っているからです。でもそれは逆で、きちんと説明してくれて、働く先住民女性としての誇りに対するほんの少しの敬意さえあれば、私たちだってできるのです。必要なものはたくさんあります。たとえば台所の薪火の煙で目がやられています……」

農民女性の家事労働に関する議論が続けられた。目にしみる煙が気にならない人はいないとイレネは力説した。それも一日一回だけではなく、ニクスタマル〔とうもろこしを石灰水に一晩浸して挽いたペースト状の固まり。これを薄くのばして鉄板で焼いたものがトルティージャ〕を調理し、湯を沸かし、トルティージャを作り、フリホール豆を調理し、コーヒーの準備をするたび、つまりずっとなのだ。またメキシコは世界有数の天然ガス産出国である一方、森林破壊が懸念されているが、もし木を使わなければどうやって火を起こせばいいのかという発言もあった。

ラ・レアリダー村から南へ徒歩二日間のところにある「アグア・アスル」と名づけられたこの村では、完璧に組織化された女性たちが疲れ果てた報道陣に食べ物をふるまってくれた。チキンスープにフリホール豆、できたてのトルティージャ、卵。村のほとんどの子どもにとって、私たちは初めて見る訪問者だった。その気前のよさは、驚くほどだった。

報道陣の到着と信任投票の順調な進行に喜んだ人々の歓待を受け、私たちの疲れは癒されていった。「今度はジャーナリストのみなさんが話をする番だ」。かくして、私たちは目をまん丸くした男や女、子どもたちの前で、サパティスタに驚愕した新年の得がたい体験を一人ずつ語っていった。彼らの闘いは本物だった。それはすでに彼らだけのものにとどまらず、私たちはその生き証人だった。

反蜂起の道具としての暴行《レイプ》

一九九五年十月十八日から二十二日にかけて行われた先住民女性の権利と文化に関する対話のテーブルで、出席者および政府、サパティスタ側の顧問は次のように起草された一連の合意に達した。「国際条約で定められたところに従い、紛争地域における暴行《レイプ》を戦争犯罪とみなすことを望む。一九九四年六月四日アルタミラノで起きたツェルタル系先住民に対する暴行《レイプ》および一九九五年十月四日サン・アンドレスで起きた三名の看護婦に対する暴行《レイプ》に関し、裁判が行われることを望む」

それから数日後の十月二十六日、アメリカ合衆国のEZLN代表であるセシリア・ロドリゲスがモンテベージョ湖付近を散策中、覆面をかぶり武装した男たちに強姦された。サン・アンドレスで三人の看護婦が、サパティスタを名乗るおそらく政府軍のメンバーに襲われたときと状況が似かよっている。

白色警備隊、武装した素性のあやしい覆面の男たちは、紛争地域で平和のための民間援助の多くが女性に担われているため、蜂起に対抗し秩序を乱す侮辱的な手段として暴行を利用するようだ。恐怖と死をつかさどる黒鳥のような卑劣な輩に対する免責は現在まで続いており、メキシコでは正義が行われていない、ましてや女性にはなおさらであることを示している。

一九九四年六月四日、ツェルタル人の少女三名がアルタミラノの軍駐屯地で強姦された。モレリア村のこの三姉妹の家族には男手がなく、生活のために市場に野菜を売りに行くところだった。暴行の後、彼女たちは〈コンパス〉という人権団体に事件を告発した。この証言はただちに新聞に公表された。

この事件を担当した弁護士マルタ・フィゲロアは、数か月におよんだ軍の調査が、少女にとっていかにつらいものだったかを説明した。

「政府軍は少女たちの捜索を開始しました。駐屯地を通る人をすべてチェックしていたので、どの村の娘かわかっていたのです。情報は政府機関である全国人権委員会に送られ、証言をひるがえすようにとこの機関から圧力がかけられました。私たちがこの機関を共犯者と呼ぶのはそのためです。何度も私たちに訴訟を取り下げさせようとしていたのです。それから少女たちを捜しに兵士が村に入り、村中をうんざりさせました」

女性たちにとって、悪夢は告発とともに終わるどころか、その逆だった。「少女たちにとって身体を触わられるのは攻撃と同じです。目をのぞかれるのは『君が隠している心の奥を見せておくれ』と口説かれているのと同じことです。身体的接触はもっと露骨です。兵士は彼女たちの身体を調べますが、なかにはあきらかに猥褻目的の者もいます。少女たちは三か所の駐屯地をたらいまわしにされましたが、逃げたくてたまらなかったそうです。

姉妹には父親がいませんでした。他の女性と出ていってしまったのです。小さな頃から放置されていたのです。耕していた土地は父親の名義で、息子がいなかったために彼女たちのものにはならず、姉妹のめんどうを見ていた叔父の財産になりました」

「暴行を告発したら殺すと脅されたので、ひどくおびえていて、二つの理由から逃げることを余儀なくされました。一つには本人の気持ち、そして村の圧力です。親戚が、村を出て行くよう圧力をかけたのです。彼女たちがそこにいる限り、軍隊は全員に嫌がらせを続けるからです。

姉妹は別の村に行きました。もちろんサパティスタの村です。ほかに選択肢はありませんでしたし、そこは政府軍が入ってこないのでとりあえず安心できることがわかっていました。村は、受け入れるかわりに、告発を続けるよう促しました」

少女たちの気持ちがわかるとマルタは言う。「村にもジャーナリストに告発書を見せた〈コンパス〉にも政治的に大いに利用されました。強姦事件の場合、基本的なルールは秘密厳守であり、詳細はとくに新聞社には決してもらしませんから、私にはかなりショックでした。被害者の名も加害者の名も明かしてはいけないのに」

「翌日内務省の小冊子に、三人の女性は存在せず、新聞記者のでっちあげであるという記事が掲載されました。メキシコ軍を誹謗中傷した罪で私たちを刑務所に送ることができるというのです。それを避ける唯一の方法は、事件を証言するために本人が出頭することでしたが、とても不安定になっていたうえ、スペイン語をほとんど話せなかったので、精神的なケアに苦慮しました……」

マルタは、この件をあきらめていたが「一月近く経った頃、かくまってもらっていた村に促されてテレサとクリスティーナの二人がやってきて、警察ですべて真実だと証言し、私たちは法的に守られることになりました」。

そして事実がどのように明らかになったかを語る。「最初は『何も信じないぞ、誰がこんな垢だらけのインディオの頼みをきいてやるか』という態度でした。でも通訳を介して話を聞き、長女のテレサが鉛筆をこういうふうに拳骨で握って強姦された場所の地図を描くうちに変わっていきました。図はしっかりしていて、正確です。とてもつらいことですが、わかる限り時間や状況の説明をしました。彼女はまれにみるような大変頭のいい女性であり、とても傷ついていますが、妹たちより強いのです。二十歳だと言っていますが、見た目には十六歳以上には見えません」

担当者は告発の信憑性を疑ったことを弁護士に謝罪したものの、この件を未決で終わらせる法的権限を持ち出してきた。マルタは抗議した。「被害を受けた市民がいるときには市民が立ち上がらなければならないのです。それで連邦検察庁および国防省の二つに保護を求めましたが、却下されました。その後軍部が私に出頭を命じました。二回目には武装したジープでやってきて、出頭しなければ強制連行すると言いました。それで私は彼女たちのことを話さなければなりませんでした。私は出頭し、自分は法的手続き中でありあなた方の権威を認めないし、やっかいなことになりますよと言ってやりました」

数日後、マルタ・フィゲロアは暴行当日警備にあたっていた兵士に面会するため再度出頭を命じられた。「尋問の様子を見学しました。そして神経過敏な様子から、少なくともそのなかの二人は暴行に加わっていたのだと確信しました」

マルタは被害者を出頭させるのを拒んだため、裁判妨害で告発される可能性があった。「私は彼女たちに駐屯地を通らせ、軍施設に連れて行き、軍医に触診させ、それから尋問され、誹謗の容疑者扱いされるがままにするのはいやでした。そんな侮辱の場所には絶対に連れて行かないと言ったのです」

手続きの最中に一九九五年二月を迎えた。政府軍がサパティスタ地区に入った月である。三姉妹は村人とともに密林奥深くへ避難し、連絡がとれなくなった。「五月まで会えませんでした。私たちは作戦を練り直しましたが、彼女たちはもう何も知りたがりませんでした。別の場所、別の名前、別の環境で人生をやり直していたのです」

マルタは続ける。「私たちにいまある選択肢は、本人がいようがいまいが、すべての証拠を使って国際的に告発することです。もしそれが進んで被害者が出頭しなければならない頃にはだいぶ時間が経って、彼女たちも少しは落ち着いているのではないかと思います。でもいまは私たちを平穏な生活に対する脅威と思っているのです」

サン・クリストバルにある機女たちの組合

8　チアパス高地の日常生活

むせかえる暑さの密林から遠く離れたチアパス高地の山々では、白い霧がつねにたちこめ、すべてを神秘的に包み込んでいる。昼になると空は晴れ渡り、まぶしい山の緑が顔を出す。だがすぐにまた雲に覆われ、まるで巨大な洞窟のようだ。ここに住むツォツィル人は自らを「コウモリの男と女たち」、夜の男と女と呼ぶ。

先住民女性は青や黄色、あるいはシナカンタン村風に赤い色のショールを羽織っている。「女は夜明けとともに起き、かまどの火をたいて家族の洗顔用にお湯を用意する。いつでも使えるよう、お湯はつねに沸かしておく。それから床を掃いてニクスタマルを洗ってつぶし、トルティージャを作る。できあがったら、夫や薪拾いから戻った子どもたちと朝食を食べる。その合間に、見た夢の話や村の出来事について井戸端会議をする。宗教もしくは政治の役職を引き受ける予定の人がいれば、とどこおりなく務められるよう打ち合わせをする時間でもある。そして妻は食事の後片づけをする。それが終わると庭を掃き、仕事に出かける夫のためとうもろこし汁を用意する。それから川に洗濯に行き、機を織り、幼子と羊の世話をし、あるいは薪を拾いに行く。とうもろこし汁がなくなったらまたとうもろこしをゆで、実が広がってきたらつぶす。すぐに仕事や学校から帰ってくる夫と子どもたちのために食事の支度をする。そして明日のためのニクスタマルを用意する。夕食を終えると疲れて眠る」（先住民文化組織スナ・フツィバホムの参加メンバー、チャムーラ村のマリア・サンティスとマリア・エルナンデス、シナカンタン村のロセンダ・デ・ラ・クルスとマルガリータ・ロペス、テネハパ村のルシア・サンティスの発表から）

月の教え

ツォツィル人は、「太陽神コクスが幼かった頃、母なる月が、危害を加えようとする悪者から太陽を守っていた」という。

「我らが母なる月は、子育て、織物のコツ、よりよく生きるためにすべきこと、祈り方、政治、宗教の役職を通してどのように人に奉仕したらよいか、女性に助言を与えていた」（スナ・フツィバホムでの発表より）

月の教えはいまも生き続けている。夜空は、夢を通じて息子、娘にメッセージを送ると女性は言う。

「よい母親が子どもに昨日見た夢をたずねるのはそのためなの。どのように祈り、魂に気を配るかを知るため。私たちの生活ではもっとも大切なことだから」とマリア・サンティスは説明する。「月が母に教えたのと同じように、私たちは母に小さい頃からこう言われてきた。子どもができたら、哺乳瓶で飲ませてはいけないよ。健康に育てるには、たくさん食べて、母乳をやりなさい……子どもが離乳食を食べだしたら、コーヒーやジュースをやってはいけない……」

とはいえ愛情の結実が男の子か女の子かによって、母親は違った育て方をする。あるツォツィル人の女性グループは次のようにまとめている。

「男の子はまず、母語を習う。話し方を教えるのは主に母親の役目である。それから父親が、薪の割り方や運び方、柵の作り方、土地の耕し方、とうもろこしやフリホール豆などの育て方、家畜の世話など、いろいろなことを教える。信仰心、祝祭での振舞い方は祖父母や両親から教わる。現在では小学校を卒業する男児が多く、村によっては中学校もある。運転手や機械工、物売り、左官、奉公人などの仕事に就ける者もいる。なかにはタバスコ州や、米国まで出稼ぎに行って言い伝えや文化を忘れてしまい、出て行ったきりの人もいるけれど、ほとんどは戻ってきて、再び母語を話し、家族と守護聖人の日を祝い、カーニバルを過ごして、自分たちの土地にいる喜びを再確認するのだ」

貧しい生まれのせいで男が制約を受けているのは確かだが、女性の場合、そうした職業に就く可能性すら考えられず、幼いときから家事労働にしばられる。「娘は、朝早く起きて、家を掃き、トルティージャを作り、皿を洗い、洗濯をし、食事の支度をし、機織りをし、刺繡をし、薪を運ぶなどの労働が待っている。羊の世話も覚える。そして伝統的な衣装が継承されていく……娘を上手に教育できなくて、怒ってばかりの母親もいる。もしトルティージャの作り方を覚えられないと、手を熱い鉄板《コマル》に押しつけたり、火鉢に顔を近づけて、泣き出すまで唐辛子の煙をかがせたりする。でもこんな教育はやめた方がいい。病気になってしまうかもしれないからだ。頭をぶつのはもっと悪い」

チャムーラの写真家マルチュ

マルチュとはツォツィル語でマリアのことだ。彼女の名を聞いたのはサン・クリストバルに滞在していた報道写真家からだった。

「マルチュって誰？」

「モノクロのすばらしい写真を撮っているチャムーラの女性カメラマンだよ」とラ・ホルナダ紙のホセ・ヒル・オルモスが言う。

「女性について書くのに、まだマルチュにインタビューしていないのかい？」

そんなわけで一九九五年十月、両親と暮らす村から毎日マルチュが通ってくるサン・クリストバルの先住民文化組織スナ・フツィバホムの事務所に出向くことになった。

「私の名前はマリア・サンティス・ゴメスで、チャムーラ行政区クルストン村の出身、二十歳です。この仕事を始めたきっかけは、演劇やツォツィル語の書き方の勉強をしないかといとこに誘われて、やってみたくなったから。一九九三年十月にできた写真スタジオで学びました」

マルチュは青いショールにブラウス、厚地の黒いウールスカートにビニールサンダルというチャムーラの伝統的な衣装を身にまとっている。ツォツィル人の文化観を表現した彼女の写真は、さまざまな雑誌で取り上げられている。彼女は語る。「これまで写真を撮る先住民はいなかった。写真を撮りに来るジャーナリストはいても、祝祭や衣装が持つ意味を知らないから、被写体を意味づけられる人はいない」

「多分私が唯一の先住民女性写真家だと思う。実際ツォツィルやツェルタル、トホラバル人の写真家というのは聞いたことがないわ……いたらステキだとは思うけど。写真の魅力は、読み書きができなくても見ればわかるし、伝統を守れることだと思う」

被写体の意味を理解するために、おばあさんたちを訪ねることもあったという。「両親に聞いてもわからなくて、よその村まで出かけて調べなければならなかったのが大変だった。お年寄りにはこう言われた。

『お金のために知りたいのかい？』

『ちがいます。意味を調べて、廃れつつあるものを取り戻したいのです』

『ああ、それならいいだろう。それで、どこから来たんだい？　あんたの家は？　言わないと村役場に通報するよ……』

『やめてくださいな。私はここの生まれなんですから』

『そうかい、それなら教えよう』

こんな具合に進めていったわ」とマルチュは言う。

「写真をとおして伝統を取り戻そうというアイディアは一人で思いついたの。さまざまな言い伝えについて見聞きしたことを書いたので、いまはそれをテーマに写真を撮ろうと思っている」

マルチュの人生は、多くの先住民女性と変わらない。「幼い頃父はいなかったわ。多分貧しかったから出稼ぎに行ったの。母が私を妊娠して二か月のときだった。父が戻ったのは、私がもう三歳くらいで歩けるようになってからよ。私には洗礼名を授けてくれる人もいなくて、結局祖母が代母になったわ。その後父が戻ったとき、母に『お前が生まれたときにはいなかったお父さんだよ』と言われたけれど、私には怖いおじさんに見えた」

ツォツィル女性にとって羊とは

チアパス高地の女性にとって、羊の世話は幼い頃からの仕事だ。林や畑のそこかしこで、薪を担いだり、洗濯したり、石に腰掛けて刺繍をしたり、小道を羊の群れを従えて歩く女性の姿が見られる。

長い時間一緒に過ごす羊は特別な存在だ。羊からは伝統衣装用の糸を取るだけで、老衰や病気で死んでしまったとしても、その肉は決して食べない。話しかけながら慈しんで育てる。雨の日、びしょぬれの女性の傍らで羊たちがビニール合羽でやさしく覆われている光景はめずらしくない。

「だって羊が風邪をひいてしまうもの」

マルチュも毎日を羊のめんどうを見て過ごしてきた。「羊にはそれぞれ名前をつけてあるの。色や特徴にちなんだり、人の名前をつけることもあるわ。たとえばメスならアンドレアやドミンガ。黒や茶、白色などの斑点があれば、ピント〔ぶち〕。茶色一色なら、チャクシク〔ツォツィル語でコーヒー〕、一本も黒い毛が混じっていなくて全身真っ白ならばシンガン、聖処女ね。とてもきれいだから」

マルチュはとても繊細な動物の心理を説明する。「私は羊といるのが好きなの。こちらの気持ちしだいで、羊は行儀よくしてくれるものよ。しっかり太っていい羊毛がとれる。でも羊が嫌いで、世話をしたがらない人の手にかかると、死んでしまうの。やせ細って反抗的になり、体にできものができて、耳や首にノミがついて、ほとんど羊毛が見えなくなってしまうほどよ。きちんと世話をして、一日何時間かでも野で草を食べさせていれば、調子よくなる。なかには動くのを嫌がったり、逃げ出す羊もいる。食べるのをいやがって手間がかかるときには、頭にくるわ。羊は持ち主に従って行動するものなの」

ロレンサ・ゴメス・ゴンサレスはチェナロ行政区出身、二十三歳のツォツィル女性で機女の組合フパス・ホロビレティクの代表者だ。彼女の人生はマルチュの話と重なるところが多い。「私は六人兄弟の長女だった。男三人に女三人。子どもの頃から毎日羊を外に連れて行ったわ。弟たちもついてきたがるときには一緒にね。雨が降ると大変だった。羊を腹いっぱい食べさせてから帰るので、戻るのは五時頃だったわ。羊の世話は大好きだけど、草を食べさせられる土地が近くになくなってしまって、一、二時間歩かなくてはならないから少し大変なの」

ロレンサは説明する。「羊の世話は男ではなく女がすることになっている。羊に草を食べさせるのは女性の役目。男はとうもろこし畑にかかりきりで、収穫したらあとは何もしない。機織りもやらない。女の子は台所仕事をして、機織りをして、畑にも行って、その上羊の世話をするのだから男の子より働き者よ」

写真家であるマルチュも、羊にまつわる楽しいエピソードに事欠かないことでは他のチャムーラ女性と同じだ。「四歳の頃から母に言われて羊の世話をした。二十五匹もいたわ。母は六歳の姉を連れて畑仕事や薪運びに行っていた。あるとき、一匹の羊が私を川に突き落とそうとして、溺れ死にかけたことがあるの。角でつついたの。たった四歳の私は、そのとき一人だった。思い出すと、今でも怖くなる。クエルヌドという名のその羊だけはもう世話したくなかった。その羊を連れていくのは怖かったの。家に着くと、『どうしたの？　そんなに濡れて』と母は言ったわ。

私が話しても、『お前はふざけていたのだろう、それでつつかれたんだよ』と言って、また羊の世話に行かされたわ。

別の日、母と二人で木の芽を食べさせに羊を山に連れていった。すると例の羊がまた私を崖から突き落とそうとしたので、母も信じてくれた。『どうやら本当だったみたいだね。もうふざけていたなんて言わないよ』そして母はその羊を殺してしまったの。今も覚えているわ。クエルヌド・レチュホルという名前だった。ときどき母とその話をしては笑っているの」

マルチュは羊の世話をやめなかった。「五歳になると、学校に行くようになった。放課後荷物を家に置くと、塩をつけたトルティージャをほんの二、三枚つまんで、羊の世話に出かけたわ。午前中は母が面倒を見てくれていた。母がニクスタマルの準備をできるように、学校が終わると私が羊の世話をしたの。衣類のことから畑のことまで、母はなんでもやっていた。村によっては女性が種まきをするところもあるけれど、チャムーラでは女性の仕事は耕すのと、男性の手伝いだった」

「私も姉も勉強が好きだったけど、羊の世話をする人がいなくなってしまうので、母は姉に学校をあきらめさせて、私だけ行かせてくれたの」

マルチュが小学五年生を終えたとき、母親は「もう勉強はしなくていいから、学校を辞めなさい。薪運びやら衣類のことやら、仕事はたくさんあるのだからね。だれがお前の服を作ってくれると思っているんだい？　誰もいないよ。だから家事をしたほうがいいんだよ」と言った。村の小学校は五年までしかなかったのだ。

「五年間も勉強したことが無駄になってしまうなんて悲しくて、勉強を続けたいと父に言ったの。『だがどこで？』と父が言うのでロメリージョ村まで通うと答えたわ。

すると『来年まで待ちなさい。もう手続きが終わってしまったから、いま行っても無駄だ』と言うので、待っているあいだ、上着やスカートなどを作ることにしたわ。羊毛でスカートから男性用ポンチョまでなんでも作れる。梳くところから、紡いで織るまで、なんでもしたわ。

翌年から、ロメリージョ村まで四十分かけて毎日歩いて通った。食べるものは前と同じで、塩をつけたトルティージャにキャベツ。フリホール豆はあまり食べなかったわ。だって……他の人たちはフリホール豆をたくさん食べるかもしれないけれど、家はお金がなくて買えなかったから」

教育システムの不条理

マルチュの話から、先住民の村における教育の難しさと不合理性がよく伝わってくる。「小学校では、スペイン語はさっぱりわからないまま終わってしまったわ。だって自分たちの母語しか知らないのに、先生はただ本を朗読して、いきなりその記号を写すようにと言うの。私たちはそれをただ書き写すばかりで、どんな意味なのかは教えてもらえないから、結局なんの役にも立たないのよ。小学校を卒業しても、私は全然スペイン語が話せなかった。教師はスペイン語も話せても、恥ずかしがってスペイン語の単語の意味を説明したがらないことが多かった」

「それから中学校に進学したわ。授業はもちろんスペイン語。小学校の教師はツォツィル語でしか授業しなかった。ツォツィル語で説明し、写させて終わり。私たちは、読み書きはできても、意味はわからないままだったの。中学校に入って、先生になぜわからないのかと聞かれて小学校ではそれでよかったからですと答えるしかなかった」

メキシコ憲法第三条によると、初等教育はすべての少年少女に対する義務である。チアパス高地やラカンドン密林ではこの義務は存在しないか、守られていない。少女にとってはとくにそうだ。

人類学者フランセ・ファルケットは『チアパスにおける先住民女性の就学の実態』のなかで、チアパス州の特徴として「低い出席率、一、二年での高い中退率、女児の低就学率」の三点を挙げている。

校舎はたいていむきだしの地面に建てられた木造で、壊れかけの机と黒板が一つあるだけだ。教科書の無料配布は、せいぜい小学校までである。中学校に行きたければ、すきっ腹をかかえて遠方に歩いて通わなければならない。先住民社会では、女性は家からあまり離れない慣習があり、毎日一人で遠くへ出るなど論外だからさらに不利である。しかもはるばる歩いてきても授業がないこともある。教師の欠勤は日常茶飯事で、その薄給ぶりと無教養ぶりも知られるとおりだ。職場が遠い場合、教師が火曜日に来て木曜日に帰ることもめずらしくないうえ、十五日ごとに給料を取りに行かなくてはいけないので、あと月に二日休みが増える。家事に追われる母親は、幼い弟たちのめんどうやトルティージャ作りを手伝ってくれるはずの娘に無駄な時間を過ごさせるのはごめんだと考えるし、学校に行けば服や筆記具など余計な出費がかさむことにもなりかねない。

ファルケットは「女生徒の場合、通学途中や学校内ですら性的嫌がらせを受ける危険性が常につきまとう」と指摘している。

父親からすれば、息子を町で勉強を続けさせるため多大な経済的負担を受け入れたとしても、町のメスティソの「不道徳」を恐れて娘を行かせることはまずない。しかも学校には女性差別がある。「女生徒はたいていごく少数である。男子を意識し生物の授業を『恥ずかしく』感じるようになる

五、六年生ともなるとさらに減少する。本来いるべきでないところに、特別にいるのを許してもらったかにみえることもある。教師の態度がそれを助長する。意図的かどうかは別として、女生徒の参加や知的能力を正当に評価せず、能力のある男子生徒にするように勉学を続けるよう指導することもない」

一九九四年十二月サパティスタ自治行政区が発表されたとき最初に行われた施策の一つが、先住民の必要性と文化に合致していると村に承認された総合教育計画が決まるまで、国から派遣された教師を村に入れないことであった。教育は基本的に「偉大な文化伝播機能」だからだ。

ファルケットは「文化に対する暴力」と「根こそぎ式文化伝播」の原因を、暗記重視の教育が手習い型の先住民の学習法と相容れないことにあると指摘する。学校の日程や時間割は村の暦もリズムも考慮しない。言葉は「文化に対する暴力」となっている。バイリンガルに力を入れるのではなく、スペイン語化を推し進めようとしているからだ。

そのうえ使われる教材はメスティソの価値観で溢れており、村の現実をまったく反映していない。マヤやアステカの人々に触れても、それが今日の先住民につながっているとはしていない。教師には、人種差別主義が潜在しているのではないにせよ、先住民の言葉と文化に対する知識が完全に欠如している。先住民教師であっても複雑な劣等感から、メスティソ世界の価値観を優先させることに抗議する者はほとんどいない。したがって学校教育は先住民に文化的劣等感を抱かせかねず、メスティソ世界との平等な真の統合が呼びかけられることはない。

女児を教育システムから排除するのは、先住民にとって文化を守る手段となっていると指摘する声もある。女性を隠してなるべく外の世界と交わらず、自分たちの言葉、習慣や伝統を守っているというわけだ。しかしその代償は、無学であり社会の固定化であり、男性への服従である。

女児の就学に対する親の考え

ツォツィル系の村では、学校に通わせてもらえる女児は少ない。マルチュは幸運だったと言う。

「父はいつも賛成してくれた。でもふつうの父親は、娘が学校に行くのを許さない。親戚のなかでも父だけだった。ノートやらなにやらでお金がかかるのに、一体なんのために勉強なんかするのだとみな言ったわ。だからいとこは男女問わずみんな畑仕事をしている。勉強させてくれたのは父だけよ。学校を卒業すると、また羊の世話に戻ったのだけれど、もうあまり楽しいと思わなくなっていて……」

幸運なことにマルチュは、スナ・フツィバホムが主催する試験に合格し、ツォツィル語の作文、戯曲作り、神話や伝説の収集をするようになった。

「『羊飼いの二人の少年』というお話を書いたわ。その後次の作品にとりかかって、つい最近『男とそのナグアル』〔人が生まれ持つとされる自分とペアの動物〕という題で完成したわ。羊や鶏、七面鳥などたくさんの動物を持って山に住んでいる人たちのお話なの。ある日一人の男が、家畜を売ってくれるように頼みに来る。みなは売りたくないのだけれど、その男は強いナグアルを持っているの。ココーテよ……とにかく、九ページに及ぶ長い話なのよ」

マルチュの物語には女性の主人公は登場しない。おそらく男性優位社会の影響で、そうした発想がしにくいのかもしれない。マルチュは活動を続けるために奮闘している。「両親は喜んでくれているけれど、嫉妬してデマを流す人もいる。恋人がいるとか事務所で仕事をしているのではなく売春婦になっているとか。母はそんな噂は信じないから、なにも言わない。父の方はふだん大丈夫でもお酒を飲むと信じてしまって、怒って叱りつけるの。つい最近叔父が父に『兄さんの娘が男たちと一緒だったぞ。たくさんボーイフレンドがいるみたいだ』と言ったの。父は答えたわ。

『にわかには信じられんが、どういうことだ?』

『あちこちの家の息子たちと楽しそうにしていたからさ』

父はその親と知り合いだったの。

『娘がどこどこの息子と話していたそうだぞ』と母を叱ったわ。

『あら、そんなことはないでしょう。あの人たちはもう結婚しているじゃありませんか』

『おれの弟がそう言ったのだ』

『嘘をつくなんて、悲しいことね』

それで父が私に言ったの。

『この家から出て行ってくれ。もうお前の顔を見たくない』

父にこんなふうに言われると、私はなにも答えないで父が落ち着くのを待つの。それからこう答えたわ。

『わかりました、出ていきます。でも渡したお金は返して。家の修理に使ったお金よ。それをもらったら出ていくわ』

『お前の叔父が言ったんだ』と父は泣きじゃくったわ。

『なにを言ったとしても、それは私たちがお金を渡さなかったのをうらんでいるからよ。おじさんが借りたがっていたお金を貸さなかったから、それで嘘をついたのよ』と答えた」

マルチュは世間の噂に流されまいとしている。「私がしているのは仕事ではないと思っている人もいるわ。頭がおかしくなってしまったって。先祖伝来の習慣を守るべきだという人もいる。つまり女性は外に出るべきではないと。でも一方で私を羨んでいる。実際この村では女優もバイリンガル作家も見たことがないもの。教師になった友達だって、母語で文章を書かないし、自分たちの言葉で話すのを恥ずかしがったりする。『自分の言葉を忘れるなんてできないわ。あなたは先生なのだから、母語で文章を書くべきよ』と言っても、『いやよ、そんなの恥ずかしいわ』と言われてしまう」

先住民の女性といえば貧困や搾取を思い浮かべがちだが、驚くことにマルチュは自らの文化を深く愛しており、その美しさを主張する。「伝統的な仕事になじむというのはすばらしいことだわ。機織りや畑仕事、私たちの文化を失わずに働く人を美しいと思う。伝統的な仕事が、大好きなの」

サパティスタに関しては、慎重に言葉を選んで答える。「本当のところ、どんな主張なのかよくわからない……でも蜂起したのは大切だと思う。先住民は政府に援助を求め続けたのに、かなえられたことはないから。口約束ばかりで、まるで実現しなかった。だからサパティスタは一つになって立ちあがったのだと思う。武器を持つ女性がいるのを知って驚いたわ。そういえばラモナ司令官は……いまどうしているのかしら？」

EZLNと女性の覚醒

中学校に行くのを親は許してくれたかとロレンサにも質問したところ、大きな笑みが返ってきた。「以前はそうはいかなかったわね、ハハハ」と彼女は笑う。以前とはEZLN前のことだ。「私も勉強を続けたかったけれど、父は『どうせ恋人を探しに行くのだろう』と言って許してくれなかった。実際恋人を探すだけの女の子もいるけれどね。私も妹たちも勉強させてもらえず、弟にだけ許したら、弟は勉強嫌いだったのよ」

マルチュと同じように、ロレンサは羊の世話に戻った。「小学校を卒業すると村に戻って、また羊の世話などをした。畑仕事に機織り、刺繍、羊の世話、薪拾いに水運びよ」

しかしEZLNがチアパス高地の村にやって来て女性革命法を広めて以来、すべてが変わった。ロレンサの父もしかりだ。「ごく最近になって、父に勉強を続けたいと言った。すると今度は『やりたいことをやりなさい。自分で考えて決めればよい』という答えが返ってきたの。前はなにもさせてくれなかったのに、EZLNのおかげで事情が変わってきた。私たちも認められるようになった」

さらに続ける。「EZLNがなかった頃は、女性は外出することも許されず、なにかに参加するということがなかった。男性だけがそれをできたの。でもサパティスタが蜂起してからは変わったわ。けれども組織に参加していない女性は、女性としての権利がどのようなものか、サパティスタがなにをしようとしているのかを知らないから、いまも押さえつけられたままよ」

ロレンサは母とともに、この解放感を肌で感じてきた。「母は外に出られるようになるのはすばらしいことだと思った。以前はサン・クリストバルに織物を売りに行くのにも、やきもちを焼いて許さない夫もいたのですって。でもいまは変わったのよ。店の集会があれば、堂々と出かけられる。組合に入っていない女性たちはそれを見ているだけ。いまは前と違って、多くの女性が参加しているわ」

機女たち：伝統工芸の担い手

ロレンサは語る。「母は私が幼い頃から刺繡を教えてくれて、十二、三歳の頃には、機織りを覚えてスカートやブラウスを作れるようになっていた……娘が七歳くらいになれば、母親は炊事を一通り教えることになっている。母は私にとうもろこしのつぶし方からトルティージャの作り方、水の運び方を教えてくれた。水道がないからね。電気も道路もないわ……」

チアパス高地の女性は羊の世話に加えて、主に織物を学ぶ。いままでは洋服は買うほうが安いにもかかわらず手作りを続けており、その伝統衣装は観光収入にとって欠かせない文化遺産の一部となっている。

「棒とひも、革帯、細い麻糸でできた後帯機で織って、木櫛や特別な針金で仕上げていく」

伝統技はとても複雑で手間のかかる作業だ。「羊毛が長すぎるときには切ってセッケンボクの木で洗う。洗剤で洗うといい糸にならないの。それから広げて乾かしてからほぐし、梳いて分別したものを紡いで草木染めや泥染めにするわ。それから織り機に糸をかけて織り、いったん洗って縮ませたら、完成よ。男性用ポンチョやスカートを一つ織り上げるには棒を二十本、もっと単純なものなら八本使う。テネハパ村でもチャムーラ村で織られた羊毛の肩衣が買える。ズボンの紋織りや腰帯には市場で売られている羊毛を使うわ。羊毛を梳いて紡ぎ、草木染めにして、祝祭用にマリア様や聖人に着せる衣装や宗教儀式の衣装用の糸を作れる女性もいる。シナカンタン村でも羊毛や綿糸と売り物の毛糸を併用しているわ。ここではもう二十本織りはしない。ヘルカイル——花の刺繍がほどこされ飾り房のついたピンク色の男性用上着の一種——には、十二本棒が使われるし、ショールやスカートには八本、他のものには九本……」

それぞれの村で衣装にほどこされる刺繍はだてではなく、模様には意味があるのだが、多くの女性は意味を知らないまま真似ている。四色の点がついた赤いひし形は、東西南北を表す。それ以外にカエル、人、鹿、畑など。スナ・フツィバホムの若い女性は次のように説明する。「サン・アンドレスやマグダレナなどの村には、今も織り方や模様の意味などに詳しい女性がいるわ。祝祭用の織物は、先祖の聖人や神々の暮らす神聖な場を表している。糸の本数や模様は聖なる存在をあがめるための祈りで、それを織れる女性はとても尊敬されている。テネハパやチャムーラには、メ・サクラメント（女性の秘蹟）のように、未婚の女性でもなれる特別な宗教役職に就いている人もいるの。他の行政区では男性だけが聖人像に祈りを捧げるのよ」

フパス・ホロビレティク協同組合

ロレンサとその母は村の多くの女性と同じように、機女をしている。幼い頃には苦労が多かったという。「せっかく織ってもどこで売ったらいいかわからなかったので、家は貧しかったわ。病気になっても薬を買うお金もなかったし、村に医者なんていないから、チェナロの主村（行政区の役場が置かれている村。行政区名と同じ名で呼ばれる）まで行かなくてはならなかった。主村までは上り坂で二時間もかかるから、病気になってすぐ診察というわけにいかなくて、途中で死んでしまう人もいたわ」

ロレンサがフパス・ホロビレティク組合の代表になって一九九五年八月で一年半になる。「組合の総会で選出された。嬉しかったけれどスペイン語を話すのが少し大変だった。それまではチェナロ行政区のクルチクという村にある実家に暮らしていたの。そこで織物をしたり刺繍をしたりして働いていた」

先住民女性には作ったものを売る場所がなかった。そこで最初は国立先住民庁の援助を受け、しだいに独立しながら少しずつ団結していったのである。

ツォツィル人の織物や刺繍の衣装に魅せられて観光客がチアパス高地にやってくるようになったのは一九七〇年代末のことである。先住民女性は現金収入を得るようになり、公的領域へ進出するきっかけをつかんだ。民芸品の売買を効率化するのに不可欠な組合の設立とともに、ツォツィルの女性は解放への道を踏み出すことになる。仕事がなく困窮していた男たちはそれを認めるしかなかったのだ。

一九八〇年代サン・アンドレス村のフアナとパスクアラが組織化の必要性を感じたのが始まりだったという。当時はまだ舗装道路がなく、二人はブラウスや刺繍を抱えて、サン・クリストバルまで九時間かけて歩いていた。

女性たちのあいだに口コミで広がり、組合に参加する女性の数が次第に増えていった。国立先住民庁が法的アドバイスを行い、教育省の一角に場所が与えられた。大統領が変わるたびに省庁は先住民女性に向けた計画を作成したが、当の女性たちは補佐扱いで彼女たちの声が盛り込まれることはなかった。

カルロス・サリナス政権のとき、「女性たちの連帯」という計画が始まった。フパス・ホロビレティク組合のアドバイザーであるヨランダによれば「プロジェクトを提案するのが受益者ではなく、メスティソ女性の都合でき上がったものを押しつけられるという過ちが繰り返されたために」この計画は失敗した。

たとえば女性の労働時間を短縮するという目的で製粉機が配布された。ところが使い方の説明はなにもなかったうえ、三相交流電源が必要だったため、村によっては使えないところもあった。その後別の村にはガソリン式製粉機が配布された。しかし使い方がわからず事故が頻発し、火事であやうく死にかけた女性もいた。

十年前からチアパスで働いている三十歳のヨランダは断言する。「私に言わせれば、ただ問題を押しつけただけのこと。しかも製粉機のほとんどは男性である村の有力者に握られていたわ。マリアノというSOCAMA（政府系組合）の幹部がすべて独占していたの」

軌道に乗るまで

一九八〇年代国立先住民庁とDIF（家族計画等を推進する政府系機関）は、伝統文化を尊重、庇護するという政府方針のもと、組合や社会連帯組織作りに力を入れ、ときにはそれを利用してきた。チアパス州知事が高地を訪れた際には、最高の伝統衣装で付き従わせるために、ツォツィルの機女が召集された。

ロレンサはこう回想する。「組合の店ができたとき、私はまだ小さかったけれど、母はいつも店に来ていたわ。みんなとても苦労した。女性のための計画の援助金をもらっても、よそ者がしきって、ほとんどお金を握ってしまっていたからよ。そのお金がどう使われていたのか誰も知らない。それで彼らを追い出すためにみんなで力を合わせたの」

一九九二年フパス・ホロビレティク組合は運営方法を変えた。組織を民主化し、各行政区で選出された代表者が値段や条件を決め、商業上の契約者となった。スペイン語を話せず非識字者が大半だった女性は、徐々に活動の場、資金、組合を自分たちのものにしていった。

ヨランダによれば「国立先住民庁に対して、援助は組合員が作った計画に従い、予算は本人たちにお金の流れがわかるように組合員の自主管理にさせてほしいと圧力をかけていったわ」

ところがパトリシオ・ゴンサレス・ガリド州知事の任期中（一九八九〜九四年）、援助方針が変わった。当時国立先住民庁のチアパス州責任者として、集会のためのバスを無料で貸し出すなど組合の活動を支援していたマルコ・アントニオが公金横領で起訴され、免職処分となった。組合への援助は打ち切られ、ヨランダは仕事をやめるよう圧力をかけられた。毎朝店の窓ガラスが割れる音が響いた。

事態はさらに深刻になった。「ある集会の日、自称ジャーナリストの男がやってきた。『男女問わず多くの先住民が、君の不正を告発しようとしている件についてお話ししたいんだが』。会計に携わっていない私にどんな不正が働けるというのかしら。組合の仕事をするようになってまだ三か月なのよ。彼は『これが公表されれば、各紙で君を弾劾するキャンペーンが展開されるだろう。だが私は君とこの件について交渉したいのだ』」

「私はそれを集会で報告することにした。報告を聞くとみな大騒ぎになった。『その人がインタビューするって言うなら、いますぐ男も女もみなで対策を練ろうじゃないの。私たちは奥に隠れて話を全部聞いて、できれば録音して、村の女性たちにも聞いてもらうよ』」

「ジャーナリストが店にやってくると、一通り彼にしゃべらせて、話し終えた頃に全員が出てきて店を閉めて彼を取り囲んだ。スペイン語を話せる男たちが前に出て『あんたはジャーナリストではなくて我々をだましにやってきた役人だろう。この女性からお金をだましとろうとするのは、我々から取ろうとするのと同じことだ』と言った。それから口々に、お前を坊主頭の裸にしてサン・クリストバルでさらし者にするぞ、お前が我々を侮辱しようとしたことを思い知らせてやるなどと言い出したわ。女性たちは『またあんたみたいな奴が私たちを馬鹿にするなんて。どうみても先住民のあんたがそれを認めようとしないとは、恥を知るがいい。自分の兄弟姉妹を助けたくないなんて情けを忘れてしまったのかい』」

ヨランダは店を出て、最寄りの電話からエル・ティエンポ紙に電話をかけた。編集長のコンセプシオン・ビジャフエルテと面識はなかったものの、相手が答える間もなく一気に起こったことを話すと、コンセプシオンは「あらそう、今すぐそのチンピラをつかまえに警官を二人連れていくわ」と言った。

数分後にコンセプシオンが三人のパトロール隊員を連れてサイレンとともに到着した。

「そこのあなた、身分証を出しなさい。おまわりさん、この人は恐喝をしていたんですよ」。コンセプシオンのおかげで警官が彼を逮捕して連れて行った。それからしばらく彼女は組合員と話をして、「まだ終わったわけではないわ。あなたたちがこれで満足なら、彼は数時間拘留されるだけですむでしょう。はっきりさせたければ、訴訟を起こす必要がある」と言った。

ヨランダは話を続ける。「全員が『わかった、続けましょう。あなたに任せる』と答えたわ。どしゃ降りの午後、四十人の女性がコンセプシオンについて警察に行ったの。その後午前一時を過ぎるまで粘って、誰が証人になるか、誰が話をするか、なにを話すかなどを話し合ったわ……そして例の男に対して禁固六か月を勝ち取った。本当に望んでいたのは彼を罰することではなく、首謀者を告白させることだったけれど、それは結局かなわなかったわ」

ヨランダはコンセプシオンをこう評する。「彼女はいつも独りで行動し、独りで活動してきた。この町の伝説的な人物よ」

私たちは主張する

一九九六年初頭に組合のアドバイザーやサパティスタに対する政府のいやがらせで、ヨランダを含む多くの女性がやめることになったものの、フパス・ホロビレティク組合は持ちこたえ、現在もチアパス高地の二十三村から八百人以上の女性が参加している。

しかも組合は多くのツォツィル人家庭の生活を変えた。チアパス高地随一の織り手パスクアラの夫ルーカスは、妻がフパス・ホロビレティクに参加するのを喜び、次のように語る。「みんな平等で、女性にも権利がある。女性、男性、子どもたち、みんなの権利が知られるためには、もっと組織を作る必要がある。今は夫が妻に家にいるように命じていた頃とは違う。少しずつ変わってきているんだ」

ヨランダによれば組合に参加したがる男性もいて、「彼らの参加はとても貴重で、断るわけにはいかないわ。他の男性にプロジェクトの有効性を知らしめることにもなるし、それに男性はスペイン語がよくできるから、意見や計画をツォツィル語に訳すのを手伝ってもらえる」

機を織りそれを売って家計を助けるようになった女性は少しずつ自信を取り戻していく。あらゆる面でさげすまれ、馬鹿にされてきた先住民女性は、黙して捧げることに慣らされている。内面化した劣等感は、極端な臆病心と外部や悲しみへの恐怖心を伴い、乗り越えるのに時間を要する。しかし機女は、自分が家族にとって不可欠な存在であると認識し、自分の作品を通して安心感を得る。

一九九三年フパス・ホロビレティク組合の代表だったマルセラは、夫の暴力に苦しんできた。組合に参加してから彼女は強くなり、村を回っては「夫がどなって私に暴力をふるうことに、もう我慢できない」と女性たちに訴えた。長年隠してきたことがばれた夫は「もしまた集会に行ったら、殺してやる」と脅迫すらした。結局彼女は代表を辞し集会にも行けなくなった。とはいえヨランダが指摘するように「もう芽は出ている」。

クリティナは二十七歳のメスティソで、一九九四年から九五年までフパス・ホロビレティク組合を手伝っていた。主な仕事は、生産コストを教えるワークショップを開くことだった。

「それぞれの村で作られる衣装について、糸をどれくらい使用していくらかかっているのか、一日何時間働いて、仕上げるのに何日かかるかを計算するの。そして一つずつコストを算出するわけ。

一日八時間労働で十五ペソと換算する。高くはないけれどそれが男性の稼ぐ額だから、よしとしたわ。そうやって、たとえば去年三百ペソで売っていたサン・アンドレス村のウィピルの場合、原材料と労働賃金で換算すると、機織りの準備というややこしい作業をぬきにしても六百ペソになるとわかった。一方いくらで売れるかも考えるわ。このタイプのウィピルはそれだけの価値があっても六百ペソでは売れないもの」

多くの場合、お金に困っている女性はサントドミンゴ市場で、コスト以下の値段で売ってしまう。クリスティナからみると、糸代の計算さえできないというのは深刻な問題である。しかしワークショップが重要な結果をもたらした。クリスティナは女性たちの変化をこう語る。「自分の意見を持つようになり、自信を持って信じられないほどたくましくなっていったわ。たとえばあるメンバーは長年夫から暴力を受けていたのだけれど、夫も組合に参加するようになり、殴るのをやめた。家庭内暴力がなくなるというのはめずらしいことよ。彼女は強くなって『私が家計に入れる収入のおかげで、飢えずにすんでいるのよ』と言えるようになったの」

サパティスタの蜂起

一九九四年一月の蜂起後、組合の女性もすぐに行動を開始した。交渉による解決と平和を求めてデモをした最初の団体の一つだった。

サパティスタ蜂起と女性革命法発効以後、メンバー同士で不公平をなくし、先住民の伝統習慣を守ることの重要性を話し合うようになった。突如目覚め、知りたい衝動にかられるようになったのだ。先住民女性はツォツィル語にはない「人権」という言葉の意味など、多くのことを質問した。これまでの世界が揺らいだと知り、変化に参加したいという衝動にかられた。

クリスティナによれば「一九九四年以来、みな政治について語るようになった。サパティスタ運動のことも知っているし、賛成か否かをはっきり言えるわ。幾世紀におよぶ抑圧の歴史についても語れる。次世代にも新しい考え方が伝わるという意味で、重要なことだと思うわ。実際若い女性に変化が起こっていて、集会に出たりよい習慣と悪い習慣の区別を学んだりしているわ」

組合の女性たちにとって、サン・クリストバルではじめて政府と交渉した際代表の一人だったEZLNのラモナ司令官が、女性というだけでなくツォツィル人で自分たちが織るのと同じような刺繡入りウィピルを着ていることは自慢だ。「ラモナは、私たちツォツィル女性にも力があることを伝えている。前進しようと言っている」ように思えるからだ。

ヨランダによればEZLNの女性兵士の登場以来、フェミニストの間で先住民女性が流行しているという。「以前は先住民女性なんて見向きもされなかったわ。一九九二年九月ゲレロ州アカプルコで開催された第七回フェミニスト大会に参加したときは、組合の女性数人と民芸品を持っていって、短い発表もした。でも千人近い参加者のうち、誰一人関心を持ってくれなかった。五百年記念の宣伝も大変だったわ。学者にはこう言いたいわ。気をつけて、先生方。先住民だけではない、都市民衆運動もあるし主婦、売春婦、子どもたちもいるのですよ……これらのセクターも分析枠組みにいれて、参加の幅を広げていかなくては。民主革命党のロサリオ・ロブレスは、自分たちが先住民女性を代表して、その存在を知らしめたと言っている。でも私は思うの。女性兵士は武器を持って出てこなくてはならなかった。そうしなければ、だれが彼女たちのことを思い出してくれただろうとね」

組合に対するいやがらせと脅迫

組合に対していやがらせが始まったのは、一九九四年五月のことだ。メンバーは和平を求めるデモに参加するだけではなく、政府とサパティスタとの最初の対話の際、カテドラルを取り囲む市民の列にも加わっていた。

それ以来組合の事務所は見張られるようになった。夜中に忍び込まれ、羊毛が袋から出されて床に散らばっていたり、テーブルクロスがなくなるなど、明らかないやがらせをされていることもあった。メンバー二人は、いろいろ聞きだそうとする不審者の訪問を受けた。

当時フパス・ホロビレティク組合はサパティスタが呼びかけたチアパス州人民会議に参加していた。制服姿の軍人二人が、ヨランダと「チアパスの紛争」について話したいと店に押しかけてきたこともあった。

一九九四年五月十九日、憲法第四条に関する女性フォーラムが開催された。八時頃、ヨランダが家に帰ろうと車に戻ったときのことだ。数名の男を乗せたフォードのバンが後をつけているのに気づいた。「窓側に座っていた男が身をかがめてなにか取り出すのが見えた。ピストルを構えるところだった。私は反対方向に走った。彼らはバックして追いかけてきた」

この事件以降、組合にいやがらせ電話がかかるようになった。ロレンサが受話器を取ると「くそったれインディオ女め、殺してやる」と聞こえてきた。あるときヨランダが出ると、男の声で「お前が手を引かなければ、インディオ女をだれか殺してやる」と言われた。相手は大声でわめきちらして電話を切った。

こうした脅迫は組合の女性たちを震え上がらせた。参加するのをやめた女性もいた。ある日ロレンサが店に一人でいると、男が押し入って殴りかかってきた。ヨランダはどうしたらいいかわからず、精神不安に陥った。ロレンサはいつ殺されるかわからない気持ちになり、これ以上耐えられなかった。組合の集会ではみなが悲嘆にくれた。

手を差し伸べたのは、またしてもコンセプシオン・ビジャフエルテだ。全国人権委員会に事態を告発し、内務省に掛け合い、ラ・ホルナダ紙特別版でこの件を取り上げるよう働きかけた。

組合の女性たちは緊張と恐怖を押しのけ、民主革命党の推薦を受けた市民社会代表のチアパス州知事候補アマド・アベンダニョの選挙キャンペーンを手伝った。

命を失いかけた「事故」――同乗していた三名は死亡した――によって選挙キャンペーンを行えなくなったアベンダニョの代わりを妻のコンセプシオンが務めた。ツォツィル女性は力がよみがえるのを感じ、前進した。いやがらせを受けているのは自分たちだけではないと気づいたのだ。

抵抗の難しさ

組合代表であるロレンサはサパティスタの蜂起後、みなつらい時期を耐えているという。「観光客が減って商品が売れない。刺繡や織物をしても、売りようがないの。店に一銭も入らないまま時間だけが過ぎていくわ。組合のお金を管理している私に、お金を頂戴とみな言うけれど、売れないから出しようがないのよ。自分の畑がなくて、とうもろこしを買わなくてはならない女性たちがいる。お金がなくて食べられないこともある。私の家族もそう。みなつらい思いをしているわ。畑があったって、とうもろこしがうまく育たなくて子どもたちを食べさせられないこともあるの」

メンバーのなかには、支持基盤の一員としてEZLNに参加する女性が多くいる。彼女たちの置かれた状況はさらに過酷だ。「支持基盤の女性たちは石けんも塩も買えず、一番大変よ。とうもろこしがなかったり衣服がなかったり、それぞれに足りないものがあるのに、小銭稼ぎの仕事をする暇もないの。家を空けている人のためにとうもろこしやフリホール豆、砂糖などを少しでも送って、苦しんでいる他のEZLNの人々を支援しなければならない。でもそのためのお金がない。そのジレンマがつらいのよ」

そのうえサパティスタは政府援助や政府軍が持ち込む物資を決して受け取らない。

「いまは政府に相談することは一切ないわ。何度もそうしてきたのに結局どうにもならなかったからよ。だからもう政府の援助を受け取らない。女性は政府のやり方を、身をもって知っているのよ」

厳しい状況にあるが、誰もあきらめないとロレンサは言う。「女性たちは、踏ん張って闘い続けるつもりよ。政府が先住民との約束を果たすまでね」

サンタ・マルタ村（ラカンドン密林）の家族

9　密林のツェルタル人女性

一九九五年ある日の夜半、私はジャーナリスト仲間のヘススとともに、ラカンドン密林の村プラド・パカヤルを訪れた。ちょうど母の日で、村中がバスケットコートに集まり、若いカップルはラジカセから流れるクンビアに合わせて踊りを楽しんでいる。電気が通っていないため、電源はガソリンモーターだ。

もちろん母親に特別な席が設けられたわけではない。いつものように女性だけで端にかたまっている。既婚者は踊らない慣わしだ。子どもたちもいつもと同じように母の胸かビニールやショールを敷いた地面に寝かされている。

若い娘たちは、髪に色とりどりのリボンや輝くピンを留め、あるいは長い髪をたらしておしゃれし、楽しむ気満々だ。裸足できゃしゃなとても若い子たちだ。その姿は、スペイン語を一言も話せないおとなしい女性というイメージとはかけ離れている。

プラド村であれグアダルーペ・テペヤック村であれ、密林の入植村は政府に放置されていたため揉め事に司法が介入することはなく、事実上の自治が実践されてきた。

　母の日を祝うダンスパーティーの数日後、私たちはプラド・パカヤルの代表に村では揉め事をどのように解決するのかたずねた。すべての諍いについて、村会を開いて話し合うのだそうだ。たとえばある青年がある女性を「略奪した」場合、女性の合意はあっても両親の許可を得ていなければ二人は刑務所に入れられる。刑務所は扉に木格子のついた狭い小屋で、そこで一〜二日過ごさなくてはならない。

　一方青年が相手の両親に結婚の申し込みをしたのに断られた場合、刑務所に入るのは、若者たちの望みを尊重しなかった両親のほうである。代表者は「最近こんなことがあった。ある若者が、相手の両親に娘と結婚させてくれるよう頼みに行ったが、両親はにべもなく断って彼を追い出した。何度も訪れたが埒があかなかったんだ」。村会が聞かれ、若者の父親も証言した。彼は何度も息子とその家を訪れたが、応対は冷たく家にすら上げてもらえなかったという。そして愛し合う二人は、駆け落ちを決意したのだ。

　村人全員が参加し、女性革命法に基づいて花嫁の両親を禁固刑とし、二人の結婚を認める決断を下した。両親が木格子ごしに見守るなか、結婚式が行われた。

　ラカンドン密林にモレリアという村がある。ここもプラド村と似た習慣があるツェルタル人の村だ。この村に住むレヒナは二十六歳で三人の子持ちだが、女性の活躍の場を広げるために奮闘している。彼女にも結婚問題について話を聞いた。「たとえば未亡人の場合、村全体で面倒をみることもあるわ。とうもろこしやフリホール豆を少しずつ分けて助けてあげなければ、子どもを食べさせようがないもの。寡婦を通すこともできるし、相手が妻子持ちでさえなければ再婚してもかまわない。問題は、既婚者と関係をもつ未亡人が多いということ。奥さんのほうは、たまったものじゃないもの。姦通した場合は、二人とも裁かれる。この村で実際に起こったときは、女性が石運び、男性が井戸掘りの刑になったわ」

サパティスタの村が地方行政の手を借りず、いかに家庭内暴力の問題を解決しているかを語る。「暴力を受けたと女性が申し立てれば、夫は刑務所に行くことになっている。すでにたくさんの女性が申し立てを行っているわ。男というのはお酒を飲むと暴力をふるうの。飲まなければ大丈夫なのに。夫が浮気した場合も、刑務所に入れられる」

恋愛と結婚に関しては、厳格な規則がある。「一緒になりたければ、結婚しなくてはならないわ。まず両親に許可を求めるのが先。もし二人が勝手に出て行ったら罰せられるし、それを両親が黙認した場合もそう。きちんと結婚しなくてはいけないの。両親が許さないということはまずないわ。でも二人の心さえ決まれば、以前みたいに干渉されることはない。そういう話は聞かないわね。でも二人が許可をとっておきながら結婚せずに一緒になったら、罰せられる」

結婚式はごく普通だと言う。「教会で式を挙げてパーティーをする。新郎が出席者にパンや食事を用意することになっているわ。ダンスをする場合もある。持参金の習慣はなくなったけれど、新郎は新婦の父親にパンや肉などを贈る必要がある。新婦は舅たちと暮らす。なにか問題があれば、別居する場合もあるわ」

女性のための講習会

密林の村への支援を行ってきた〈コンパス〉というNGOが、新しく女性向け生活支援プロジェクトを始めることになった。女性の人権と衛生に関する講習会を開くという。

五月十一日。第一回目として、近隣の村の女性を集めて人権に関する講習会が、ティエラ・ブランカ村で行われることになっていた。

世話役のメスティソ女性たちが、いざというときの通訳を務めるマリアというツェルタル人の手を借りて準備を進めている。

私たちの取材は予想外だったらしく、行ってみたらびっくりされてしまった。別のマリアという女性の家に案内され、台所に入っていくと子どもたちが眠っていた。彼女は裸足で、かまどに火をたいて部屋を明るくしコーヒーの用意をしてくれた。講習会に参加するのかとたずねると、トルティージャ作りや水汲み、薪の用意に子どもの世話で忙しいから行かれないという。

私たちは寝床となる小学校に案内された。明日の講習会の失敗は目に見えていた。五月十二日はちょうどサン・アンドレスでEZLNと政府の第二回和平交渉が行われる日であり、その結果がわかるまで女性は村を出たがらないだろうし、村のほうも落ち着かない雰囲気のまま出したいとは思わないに違いないからだ。

とはいえ、渓谷の奥地にあるサンタ・マルタ村から六時間の道のりを歩いてやってきた女性が三人いた。一番年上で老けて見える、といっても二十四歳のグアダルーペは三人の子どもを抱えていた。他の二人は十四歳で独身だという。私たちは三人に話を聞くことにした。

翌日グアダルーペが台所で、二歳近くになる子どもに乳をやりながら訪問の理由を話してくれた。

「いろいろ勉強するために来たの。夫も勧めてくれたし、とくに問題はなかったわ。村の女性はなんの知識もないから行ってくるようにって、村に任命されたの。参加するのは初めてよ。

スペイン語は、少しだけ話せる母に教わった。学校に行ったこともあるけど、小さい頃だから何年までいたかは覚えていない。

裁縫や読み書きでも、なんでも習うのが好き。病気のとき以外は講習会に出るわ。それから歌ったり踊ったりするのも好き。もちろん踊り好きの夫と一緒にね。家にじっとしているのは嫌。そんなのどこへも行かず、何が起きているかも知らずに、恥ずかしがって目をつぶったまま一生過ごすようなものよ」

グアダルーペは人権という言葉の意味を知らないそうだが、「どんなものなのか、自分にできることなのかどうか見極めにわざわざ講習会にやってきた」という。

同じ村からやってきたほとんど話さない恥ずかしがりやのきゃしゃな女性がペトロナ、女五人男一人の兄弟がいる十四歳だ。勉強のためにやってきたそうだ。「ミシン縫いやパンの焼き方を習ったり、読み書きを勉強するの」が好きで、「勉強して、村でもっと発言できるようになりたい」とのことだ。

三人目のニコラサはペトロナと同い年、女七人男三人の十人兄弟だ。彼女もまた学びたいという意欲を持っている。家に閉じこもるのは性に合わず、勉強して人の役に立ちたいという。ツェルタル語を話す恥ずかしがりやで、マリアがそれをスペイン語に訳してくれる。

一番年上で元気なグアダルーペが言う。「村には働き口なんてないけれど、女だって仕事をしたり講習会に出ていろいろな話を聞きたいと思っている。それはとても必要なことなの。私たちにはなにもないのだもの。以前あった学校も、先生が出て行ってなくなったわ……男は外に働きに出て、私たちは女性は十五、六歳で結婚して家事をする。結婚後は独身のようにはいかないわ。家族を持って、夫にあれこれ命令される生活よ。でも結婚したくなければ、しないこともある。私の場合、プロポーズを受けて父も賛成したし、夫のことが好きだったから結婚したの」

母親は娘にセックスについて教えるのかと尋ねると、「なにも知らないまま結婚するのよ」とすぐに否定された。グアダルーペは他の二人が目をまん丸にしているのをよそに、避妊について語る。「一応避妊法は教えられていて、女にもできると言われているけれど、やっている人はほとんどいないと思うわ。みんな嫌がると思う」

母である彼女は、密林地域の女性闘争が抱える大きな問題を少ない言葉で指摘している。サパティスタは新しい思想をもたらし、実を結ぶにはまだ幾年もかかるにせよ女性解放の新たな流れを作り出した。男女双方が参画すべきであるという意識は、むしろ男性に浸透しつつあり、女性の方が遅れている。夫や村に言われてではなく、女性の意志で組織を作り運動の役割を担うようになれば、この流れはおのずと進んでいくだろう。だがそれには「目を覚まして」いく必要がある。自らを否定するのをやめ、思考し活動する人としての自覚を持つことは、たやすくはないのだ。

三人と一緒にオレンジを食べながら話を続ける。グアダルーペの子どもたちはむずかったかと思えば遊んだり、一心不乱にオレンジをすすったりしている。猛暑の日。私たちが地べたに座っている校舎に壁はなく吹きさらしなのに、風がまったくない。アルミ板の屋根は圧力鍋のようだ。

グアダルーペによれば、一九九五年二月十日の政府軍侵攻以来、密林地域にアルコールが入り込んだ。「男たちはまたお酒を飲むようになった。ひどいのになると、妻や子を殴ったりする。政府軍がお酒を持ち込んだせいで、酒飲みを刑務所に送ることもできない。刑務所では軍がお酒をくれるらしいからね」

通訳をしてくれるマリアの出身地アグア・アスル村では、毎日ビールが配達されるという。「政府軍キャンプはビール倉庫になっているのよ」

女性に与える影響は明らかだ。「男は、飲むと妻や子をどなりつけて暴力をふるう。アルコール中毒の問題はそこら中にある。つい先週も、いとこの夫がこっそり家畜を売り払ってビール代にすべて使ってしまった。なにが不満なんだか、飲み続けて義理の父親にまで暴力をふるったのよ。

サパティスタがアルコールの流入を防いでくれていた頃は、うまくいっていたのに。いまでは男だけがお金を使って、家に石けんや塩すらないこともある」

マリアが語る二重の闘い

通訳のマリアはほっそりしていて、とても美しい民族衣装を着ている。広い胸元に花の刺繡とレースをあしらった白いブラウス、カラフルな帯で留めた濃紺の交織スカートだ。髪は後ろで編み、赤い花飾りをしている。三十五歳で独身の彼女は村のリーダー的存在で、〈アリク〉〔集団権益農村連盟〕という村が所属する農民組織の中に女性グループを作る活動を四年前から続けている。小学校の校舎でハンモックに寝そべりながら、夢を語る。「女だって手をこまねいているだけではなくて、村や教会、組織の仕事に参加できるようになるために、女性グループを作りたい」

何年にもわたる闘いのなかで「私ともう一人の仲間は仕事もせずに悪い見本だといつも非難されてきた。村を留守にすると、オコシンゴで男といちゃついているんだって陰口をたたかれたわ」とマリアは語る。

こうした偏見は男性に多いという。「だから妻や娘を外に出したがらないのよ。男を漁りに行くと思うみたい。村ではそう言われているわ」

マリアは男性からのあらゆる中傷に耐えなければならなかった。「私たちが組織の言うことを聞かなくなってしまったなんて言われるのよ、決してそんなことないのに。中傷や陰口もずいぶん我慢してきたけど、もう耐えられないわ。誰かに替わってもらって休みたい。噂が本当かどうか調べたらいいのよ。もしみんなが噂を信じるなら、他の人を探すがいいわ」

少し悲しげに話を続ける。政治参加するきっかけについて話を聞いているうち、理想と現実のギャップが見えてくる思いがした。変革を望む先住民にとって、女性も参加するのが理想であるものの、心の中では女性の進出を男性が快く思っていないのが現実である。マリアがその好例だ。はじめから彼女が積極的だったわけではない。最初に〈アリク〉の活動に参加するよう命じたのは、いま彼女を批判する村の人たちだ。「村会で私ともう一人が任命された。知識もないしどうやっていいかわからないから、無理だと言ったのよ。それに恥ずかしくて、みんなの前で話すだけでも震えるほどだった。でもだんだん集会に行くのに慣れてきて、恐れもなくなった。最初はスペイン語もろくに話せなくて、うまく言えているかどうかわからないのが恥ずかしかったから、とても大変だと思ったけれど、奮闘するうちに恥ずかしい気持ちは薄れていったわ……」

グアダルーペが割ってはいる。「私の場合、夫の理解もあるし出かけたいと思う反面、恥ずかしい気持ちもあって家に閉じこもりたくなる。でも私のなかの一部がそうでも、もう一人の自分はそれではだめと言う。恥ずかしがってばかりでは前に進めない。少しずつその気持ちを克服していかなくては」

マリアが話を続ける。「講習会や集会に初めて出る女性が恥ずかしそうにしているのを見てきた。口に手を当てて話すのは、スペイン語をうまく話せなくて恥ずかしいのと怖いからなのよ」

女性が必ずしもマリアのように自分を乗り越えるわけではない。自由を味わった後、また閉じこもってしまう場合が多い。「村に任命されてドン・ボスコ〔サン・クリストバル郊外の研修施設。先住民対象の講習会がしばしば行われている〕の講習会に出た女性がいる。でもうまくなじめなくて戻ってきてしまった。家に残してきた鶏や豚のほうが大切だったのよ。家畜が死んでしまうかもしれないと思って、町にいられなかったの」

「私が出かけると『マリアはどうした？　なぜ出歩いてばかりいるのだい？』と周りに言われて、そのたびに母は『あの子には鶏も豚もないからね。家畜は夫と私のもので、二人で世話をしているのさ』と答える。そうすると家畜なしにどうやって衣服代を稼いでいるのかと言われるのよ。教会関係の仕事も手伝っていていつも出歩いているから、いろいろ言われるの。『見聞を広めるように』と他の州に派遣されることもあって、どしゃぶりでも泥だらけになっても、出かけるわ。

私が政府とつるんでいてお金をたくさん握っているのではないかと勘ぐる人もいる。十～十五日も家を空けて、村会になると戻ってくるから、どうやって生活しているのかと思われるのよ」

独身のマリアにとって、頼りになるのは父親だ。彼はマリアの選択を理解し認めてくれているという。「父は納得してくれていて、気をつけるようにと言うだけで、『行くな』とは決して言わない。教会の女性たちと一緒に出かけることを知っているし、そのなかの何人かとは面識もあるの。私たちが求めているものがなんなのか、父は理解していて、人になにかを教えられるような知識のある女性もいるということも、わかってくれている。道中くれぐれも注意して、行った先でも気をつけるようにと言って、私の好きにさせてくれたわ……」

マリアが伝統の殻を破って女性のリーダーとなったのは、偶然のめぐり合わせによる。たまたま病気で村を出たことが、外の世界に目を向けるきっかけとなったのだ。「あるとき病気になってしまい、村を出て一年間アルタミラノの病院にいたの。行ったり来たりするお金がないから、ずっと病院にいたほうがいいと父に言われた。病院でシスターに小学校は終えたのか、読み書きはできるかと聞かれたので、少しできると答えたわ。それで看護学校に行くことを勧められたんだけど、叔父が蛇にかまれて、父は私をアルタミラノに置いておけなくなったので、学校には行かず村に帰ることになったの。

その頃この地域のカテキスタ〔布教活動を担う平信徒〕の養成講習会があって、私は看護学校のかわりにそれに参加した。二度目の講習ですぐに資格がもらえるのに、女なのにカテキスタになってどうするのかって村でさんざん非難されて、結局一回しか行かせてもらえなかった。

でもちょうど〈アリク〉や〈神の御言葉〉〔カトリックグループ〕など村が所属している組織の中で、女性も活動に参加すべきだという声が上がり始めたの。それで村会が私ともう一人の女性にこの地域の女性コーディネーターとして白羽の矢を立てたというわけ。村会は男性ばかりだったわ」

「各地域で女性だけの集会を開いたわ。遠い村もあったから、広範囲を対象にするのではなく、集まりやすい地域ごとにしたほうがいいということになったの。この地方は三つの地域に分かれていて、それぞれなにをしたらいいか話し合った。

鶏やパンの共同店を始めながら、女性としてどんなことを思うか、どのように参加するか、村でどんな役割を持てるかを考えていった。

〈アリク〉の代表者会議のときも、女性の集会の様子を報告しに行ったわ。どの村に行っているか、なにを話しているかを伝えたわ。私たちは許可をもらって出かけた。

誰も付き添ってくれる人はいなくて、二人だけで出かけた。途中でなにかあったらどうしようと怖かったけれど、おかげさまで大丈夫だったわ。本当は四人のはずが、二人はまだ十四歳で怖いのと恥ずかしいのとで来なくなってしまった。四人で出かけたこともあったわ。車がないから歩いていくのよ。山道を何時間も歩いた頃、迎えが来るけど、家からは私たちだけで出かける。一九九一年に始めて以来、少しずつ怖くなくなっていって、九二年には地方一帯を回るようになったわ」

「一九九四年の問題が起こったときには、私たちはなにもしなかった。怖かったしいろいろあって村から出られなかったの。女性が集まらないと、男性にまた文句を言われたわ。『どうやって女性を集めろというのよ。あなたたち男だって外に出たがらないというのに、ましてや女性が村から出てくるわけないわ』と思った」

マリアが語った状況を、後に密林のさまざまな村で目の当たりにした。女性に集会を呼びかける場合、情報を届ける役はほとんど男性であり、かなりいい加減だ。情報が正確に伝わるのは女性が届けた場合のみである。「一九九五年一月に地域全体の女性を対象に集会を開いたときも、情報がラジオできちんと伝わっていなくて、参加したのはごく少数だったうえ、参加者は助産婦講習会だと思い込んでいた。男性がラジオでそう伝えていたのよ。実際は〈神の御言葉〉の集会だったのに。

ほんの数村からしか参加者がなかった」

モレリア村でレヒナに聞いたときも、ほぼ同じだった。「女性が呼びかけると人が集まるけれど、男性を通してだとだめ。男たちはメッセージを伝えたというし、女性は聞いていないという。どちらが悪いのか知らないけれど」

女性にとって障害はこれだけにとどまらない。先住民社会では、女性が何かしようとすると分裂を煽っているというレッテルを貼られてしまうのだ。マリアもこうした非難を受けてきたという。「最近の集会で女性グループになにか名前をつけたいと言ったら、男たちに反対されたわ。それでは組織を分裂させるようなものだと言うの。他の地方では女性の要求が認められて、名前をつけられたのに。切手や責任者のサインをもらうのにも不自由しているのよ。

だからもう男性に頼まなくてもいいようにグループの名前がほしいの。次の集会で私たちの活動をどう思っているのか聞いてみるつもり。私たちがやっていることをいいと思うかどうかね。もう四年も続けてきて疲れているし、まともに扱ってもらえないなんて」

政府軍が密林地区に進駐して以来の緊張関係に終止符を打つべきだという。「私たち貧しい者が団結することが重要よ。いまはお互いが反目し批判し合っている。一方は政府に反対、もう一方は政府寄りという具合にいつも喧嘩している……お金で買われてしまっている面もある。たとえば政府系〈アリク〉〔〈アリク〉は一九八八年設立の農民組織で、一九九〇年代に政府系と独立系に分裂。アグア・アスル村は独立系に属する〕は政府のお金を受け取っている。必要に迫られて仕方ないと言ってね。そうやって政府は私たちを分裂させられる。力を持つには連携しなくてはいけないとみんな思っている。女性であれ男性であれ、闘争の現状と将来を見据えることが重要よ」

第二回講習会

〈コンパス〉主催の第二回講習会の準備について行く。今回は衛生と人権をテーマに開催する予定だ。町を出るときあるシスターに「ほとんど人は集まらないでしょうね」と言われた。私たちは夕方予定どおりにベリサリオ・ドミンゲス村に到着した。

ここに来るまでに、男性をほとんど見かけないのと対照的に、たくさんのメスティソ女性を見かけた。アルタミラノではシスターたち、モレリアでは平和市民キャンプの女性二人、併設の病院で女性医師たち。

しかし村に着くと、男性しか見かけなくなる。初日などとくにそうだ。一人の男性が私たちを出迎え、村の受け入れを待つ間別の二人が付きそう。さらに別の男性が、村会で今回の講習会の説明を聞くからと案内してくれた。

トタン屋根の小屋に行ってみると、村中の男性が集まっている。五十人はいるだろうか。教会のように並べられたベンチに腰掛けている。壁にもたれて立っている人もいる。前方に古びた木机が置かれ、村の代表者が座っている。明かりはろうそくだけだ。揺れる炎が帽子に色あせたシャツ、わらじ姿の粗野な男たちの姿を照らし出している。

私たちは壁側のベンチに案内された。まるで裁判の被告席みたいだ。ツェルタル語かトホラバル語のため、なにを話しているのかさっぱりわからない。しばらくして私たちの番がやってきた。薄明かりのなか、〈コンパス〉の女性が今回のテーマについてしっかりした説明を始めた。

一人が立ち上がり、この地域の村で女性の衛生に関する専門家を養成するプロジェクトを説明する。「女性が治療法を学び、自分たちで治療できるようになれば村にとっても子どもたちにも助けになります。それをすでにいる専門家に教えてもらう予定です」

「講習会の内容はすべてコピーしてみなさんにお渡ししますので、内容をチェックしていただくことができます」

会場がざわめく。男たちはひそひそ相談し合っているが、笑顔はない。

講習会の講師の一人が咳払いをし、女性のための人権講習会について専門的な説明を始めた。

「一九九四年一月以来置かれている状況から、女性が人権を知ることは重要であると考えられます。夫が畑にいる間に、なにか盗まれたり軍隊が進入してきたらどうしたらいいか、告発するにはどうすればいいかなどです……」

「衛生の講習会への参加者は、各村から二名ずつ選出していただきます。人権の講習会は三、四名まで大丈夫です。明日から始める用意ができています」

説明が終わると、先住民の言語で議論が始まった。かろうじて「ペア」などのスペイン語が聞き取れた。講習会ではなにもかも男女一緒にするようにしたがっているようだが、それはみんなの反感を買うだろうなどと言っているらしい……またときどき「人権」という言葉も聞こえた。〈通訳の説明によると〉代表者が「講習会では人権とはどのようなもので、聖書のどこに書いてあるのかを学ぶ……」と説明していた。

幸い講習会を開くのは問題ないだろうということになった。そして翌日に誰が出席するかを決めるために女性集会を開くことで意見がまとまった。

私たちはほっとして席を立ち、村会が続くなかそっと外に出た。外では月が夜道を照らし出している。

今回はジャーナリストではなく女性グループの一員として来ていたためいつものような歓待はなく、冷たいコーヒーと固くなったトルティージャを出されただけだった。

村会での説明も驚くほど慎重で、講習会の内容を男性にすべてチェックしてもらうと強調していた。

翌日空腹とともに目が覚める。待っていても朝食が出てくるわけではないので、〈コンパス〉の二人が台所小屋に行き、持参した卵を調理するためにかまどを使わせてくれるよう頼んだ。そこにいたのはエレナという感じのいい女性だった。彼女がとうもろこしをつぶしてトルティージャを作るあいだ、すすけたテーブルで朝食をとらせてもらう。エレナは二十二歳で四人の子どもがいる。次々子どもができてしまったが、いまは避妊薬を飲んでいて安心だという。母親が妊娠中毒症で亡くなっており、自分も同じになるのではと恐れていたのだ。「ゴム」つまりコンドームの使用も村で許可されるようになったという。

　エレナは、食事をしながら話すのを歓迎してくれた。講習会会場へは川を渡らなくてはいけないとからかう。「もし川に落ちたら、魚に食われてしまうよ。そうしたら魚が太ってちょうどいいわ。その魚を焼いて食べるから」

「講習会の準備集会が今日開かれるのをご存知ですか？」

「聞いたけど、まずトルティージャを作らなくちゃ」

　村の女性はみんな同じだ。まず何百枚ものトルティージャを作ってから、徐々に集会所に集まってくる。この土地では女性が集まれば、周りに数え切れないくらいの子どもたちが飛び回ったり遊んだりむずかって泣いたりすることになる。「子供は可愛いよ」とエレナは言う。四十人くらいの女性が集まった。説明を聞いた後、ほんの数人がしゃべっただけで大半は黙っている。

「気が向かないね。夫に相談してみないとわからない。そんなの恥ずかしくて、誰もやりたがらないよ。それに出かけると夫に怒られるかもしれないから、やる気が出ない」

〈コンパス〉のスタッフは、独身だけでなく既婚者も参加できると強調した。読み書きができなくても大丈夫、スペイン語が少しできたほうがいいが、できなくても通訳がいると説明する。参加しないための口実はしだいになくなっていったが、夫が快く思わないこと、許可をもらわなくてはいけないことに先住民女性たちは固執した……

　女性医師が男性はすでに講習会に賛成しており、それが村の決定であると説明した。そして集会の参加者は選ばれた女性を支持し、決して悪口を言わないし他の人たちにも言わせないようにと強く申し入れた。「ここにいるみなさんは、選ばれた女性が仕事をまっとうできるよう助けてください」

女性たちは男が集会について正しく伝えていなかったと、口々に不満をもらす。「男は、妻を外に出したがらないのよ。家に閉じ込めておきたいもんだから、なにか決まっても私たちに伝えないで、男だけでやってしまう」

別の一人が言う。「夫が集会のことを話したって、こっちの頭には残らないよ」。肘を曲げて手のひらを上に見せる独特のポーズで、「そんなもんよ。どうしようもない」と言わんばかりである。

一つの結論にたどり着く。「あんたらの話は役に立ちそうだ。実際子どもたちには働く場すらないのだから、あの子らの権利を守ってやらなくては」

「その人権というものは思うに、女が男に暴力をふるってはいけないのだから男も女に暴力をふるってはいけないということよ。人権とはなんなのか前にも聞いたけど、もうよく覚えていないわ」

集会が進むにつれ、打ち解けた雰囲気になり、発言が活発になってきた。新しい知識が広がるという期待で一杯になっている女性もいるようだ。一人が言った。「父さんに聞いてみるわ。畑仕事がたくさんあるから、それも手伝うけど」

突然はじっこから手が挙がった。扉の陰に隠れていたルペという十六歳の少女が「私が行く」と言ったのだ。独身の彼女はすでに両親の許可を得ており、今日にでも私たちについてくる用意ができていた。

この集会では、参加希望者は家族に許可を求めること、準備のため講習会は明日ではなく六月二十日から始めることが決まった。

しかしルペは翌日別の村で開いた説明会にもついてきた。集会の後急いで家に帰り髪をきれいにとかしつけてヘアバンドで留めて戻ってきた。服はもうきれいに洗濯した一張羅を着ていたのだ。身の回り品をつめた小さなバッグを持っていた。長く厳しい道のりを唯一涼しい顔して歩いていたのはルペだった。日中のきつい日差しも気にならないようだ。

目的地に着くと、ありがたいことにフリホール豆とトルティージャ、コーヒーが用意されていた。そこで講習会の説明を受ける人たちに会った。自分の村に情報を持ち帰るために、七つの村から女性集会の代表者がやってきていた。講習会に参加する準備のできている人はほとんどいなかった。講習会の目的、運営方法を聞くと、何人かが日が暮れる前に急いで村に帰っていった。十二人くらいが残って話を続けた。

医師が薬の話などをした後、講習会では身体的な病気だけでなく鬱など精神面についても扱うと説明した。「この地域には鬱に苦しむ女性がたくさんいますから」

妻の付き添いでやってきた男たちは、十数メートル離れた草地に座っていたが、話に興味を持ったようで、少しずつ近づいてきた。あるいは自分もやってみたくなって嫉妬したのかもしれない。

サン・アンドレス交渉の進行状況について話すと、女性の権利を主張するトリニダーという年配のトホラバル女性が司令官のなかにいると知って喜んだ様子だった。

この頃には残っていた数人の夫も輪に入って質問していた。自分の妻がなにか新しいことを学ぶなんて考えもしなかったので、興味津々だったのだ。

参加の難しさ

講習会は無事始まった。しかしこの活動にもっとも積極的だったモレリア村のレヒナは一九九五年十月にはこうぼやいている。「いったいどうなっているのかしら。何人かが受けに来たかと思えば次の日には来なくなって、そうかと思えば別の人がやってきたりして同じ人が続けるということがないのよ。みんな日程もなにもかも知っているはずなのに。それで数か月前会場をモレリア村にしてみようと提案してみたけど実現しなかった」

実際、知識として有益にせよ日常生活にすぐに役立つわけではないことを学ぶために、夫を家に残したまま子どもを抱いて何時間も泥道を歩いてくるのは女性にとって難儀である。それをできるのは若い独身女性くらいなものだろう。

レヒナは完璧なスペイン語をあやつり、まだ重要性もわからない若い頃から女性のための活動を始めていたという。「八年前に教会の女性コーディネーターにならないかと誘われたの。でもその頃はあまり興味がなかったわ。闘争のことも知らなかったし、せいぜい聖書を読む遊びの会だと思っていた」

慣習を変えていく必要があると感じるようになったのはどうしてか？

「他の村を見てきた女性に教わったの。よそでは女性がどのように組織を作って一緒に仕事をしているかを見て、女だって参加して意見を言う資格があるし、そうしなくてはならないと教えてくれたわ。それと他の村の女性たちからも教わった」

「五年くらい前から私たちも集まって活動するようになったわ。最初はパンを焼くグループを作った。でもやり方がわからず失敗だらけのうえ、問題が起きて結局うまくいかなかったから、みんなやる気を失ってしまった」

レヒナの言う問題とは政府軍のことだ。「政府軍がやってきてやる気を失ったわ。みんなそう。好き勝手に動き回る政府軍のせいで、活動ができなくなってしまった。でも軍が少し離れたので、また活動を始めたの。圧力を受けている間はなるべくおとなしくして、静かになったらまた再開するのよ」

母であり娘である女性たちは、三十人以上にのぼる逮捕者や三人の老人の暗殺、軍キャンプで行われた三人の少女への強姦など、兵士の暴力行為を目の当たりにしてきた。レヒナもそうだ。「政府軍の横暴を見てきたから、みんなおびえているわ。またやってきて村人を連行するのではないか、誰かを暗殺するのではないかと思うと少し怖くなる。軍隊に礼儀なんてないのを見てきたもの。家に土足で上がりこんでやりたい放題よ。そんなの嫌だからしばらくの間作業を中止したけれど、それでだめになってしまうわけではないわ。それどころか少しずつでも前に進んでいるのよ。もちろん時間がかかるのは、わかっている」

レヒナも村で陰口をたたかれたことがあるという。「わからずやもいて、噂されたりするわ。なにをしているか理解できないから噂するのよ」。いろいろ問題はあるにせよ、「〈十一月十七日〉自治行政区〔サパティスタが定めた独自の行政区分〕には、活動しようとしている女性がたくさんいるわ」とレヒナは言う。

〈十一月十七日〉自治行政区にはツェルタルとトホラバルという異なる言語、習慣を持つ先住民が属しており、女性に関する考え方にも違いがある。「集会に参加するのはトホラバル人の女性が多いわ。だいたいツェルタル人よりもトホラバル人のほうが約束を守るわね。たとえば集会があれば、トホラバル人の女性たちは雨が降ってもやってくる。ツェルタル人の村には道があってバスも通っていて、トホラバル人の村はもっと奥地で泥道を歩かなくてはならなくてもきちんと来るのよ」

レヒナが続ける。「それにトホラバルの女性は共同作業に慣れている。たとえばみんなで店を経営するの。雨が降れば商品を買い付けに行けないし、大変な仕事よ。トホラバルの女性は働き者で、男性の手伝いもする。働き慣れているし、勇敢なの。私たちもたいてい子どもを連れて男の畑仕事を手伝うけれど、トホラバル人ほどではないわ。焼畑作業もするそうよ。そう聞いているわ。スペイン語は話せる人も話せない人もいて大変なのは同じだけれど、ツェルタル人はスペイン語が話せる人が集会に来るのに、トホラバルの場合、そうとは限らない」

一九九五年十一月十五日行政区の選挙のため、女性にも召集がかかった。「全員が集まった集会で女性も行政区の役職に就くことが決定された。トホラバルとツェルタルからそれぞれ一人ずつ選ばれたわ。本当は私が選ばれるはずだったけれど、学歴がなかったから、結局別の女性になったわ。彼女はアルタミラノ出身だけど、どこにでも顔を出している」

実際に先住民女性とって卒業証書はどの程度必要があって、持っている人が何人いるというのだろう。

ラ・レアリダー村にて．国際集会で壇上に上がる女性司令官

10　女性司令官たち

ツォツィル人司令官、ラモナ

「先住民女性の生への渇望、学びたい気持ち、食べ物と敬意、正義、尊厳を求める思いなどラモナが語る悲惨な話に耳を傾けてもらうために、なぜ人が殺されなくてはいけないのだろう」（一九九四年二月二十日マルコス副司令官の言葉）

武装蜂起から二か月後サン・クリストバルのカテドラルで和平対話が始まって以来、ラモナの人気はうなぎのぼりだった。手のこんだ赤い刺繡がついたウィピルを着たラモナは三十すぎくらい、いかにもその辺の民芸品売り場から抜け出してきたような様子が目を引く。大きすぎる目出し帽からのぞく黒い瞳は、やさしさと強い意志を宿している。

ラモナの役割は戦闘ではなく政治的な交渉に限られているものの、ゲリラ女性のシンボルとなった。サパティスタ運動は奇妙にも、スペイン語もろくに知らない小柄なツォツィル女性をマルコスと並ぶトップに据えたのである。

カテドラルの対話で、ラモナは四人の女性ジャーナリストからインタビューを一回受けただけだった。彼女に関心を抱いた男性のジャーナリストは一人もいない。もっとも彼女のほうも必要としていなかったのだが。メキシコの旗を掲げていた映像がなにより雄弁に語っていた。その旗はさまざまな意味で象徴的だった会見の席でマルコスが広げてみせて、ラモナが一端を、政府代表のマヌエル・カマチョ・ソリスがもう一端を持った。

チアパスの先住民女性はそれを誇りに感じた。ラモナは彼女たち以上でも以下でもない、まさに彼女たちそのものであり、みなの権利を守るために武装グループの一員となったのだ。数か月後サン・クリストバルで開かれた女性会議の決議文には次のように書かれている。「ラモナが出てきてくれてどんなによかったか！　私たちのことを思ってくれたからこそ、一歩を踏み出したのだ。彼女は私たちを引っ張って、進むべき道を示してくれている。偉大なすばらしい人だ」

ツォツィル、ツェルタル、トホラバル、チョルの女性たちは勢いづいて街へ飛び出した。デモでは必ず「ラモナ司令官万歳！」の声が聞かれた。女性たちは「集まって参加していると、心が強くなるのを感じる。団結せず、誰とも話さないと、目をつぶっているみたい」と気づいたのだ。

司令官は和平対話に参加したことに満足しており、スペイン語をうまく話せなくてもこの闘いを続けるつもりだとジャーナリストに語った。

通訳を務めるのはハビエル司令官だ。「私はさまざまな経験を経て現在の武装闘争に加わりました。村では働き口がなかったから、街に出なくてはならなかった。そこで女性が農村と同じではないことを知りました。まともに扱ってもらえないとわかって、団結して対抗しなくてはいけないと思うようになったのです。先住民女性に対しては敬意もなく、眼中に入ってもいないから。蔑まれ忘れられた存在で、町を一人で歩くこともできないのです」

世界に知られるEZLN初の女性司令官は、女性が武装闘争に参加するのは「とても重要だ」と言う。「女性も自分たちの状況を改善したいと考えるようになっていて、みんなが同じ目標に向かっていると示せるからです。武装闘争に参加してなくてもその心構えを持っている女性は村にたくさんいます」

ラモナが五分話してはハビエルが一分ほど通訳、短すぎる訳からも彼女の死生観が伝わってきた。「飢え死にするよりは闘って死んだほうがましです。正義のために必要で村の役に立つ闘いならば、死ぬ覚悟はできています。正義を求める他の方法はなかったのですから」

村から認めてもらうには時間がかかった。機女を守る組織作りの功績によって、ようやく村会で女性たちから先住民革命地下委員会に入る代表者に選ばれた。

ラモナはおだやかな声で長広舌をふるった。民芸品は正当に評価されておらず、機女のための市場を開拓したいと考えていると言う。

「保育所も望んでいます。小学校に行くまで子どもを預けられる場所が村にはないので、幼い子どもを預けられれば女性は助かるでしょう。それから子どもたちの食事も望みます。子どもを栄養失調で亡くすのは女にはなによりつらいのです。食堂や朝食を提供できれば……」

代表団の一人アナ・マリア少佐が補足した。「我々は男性と同じ理想のために闘っています。これは全員の闘いなのです。とはいえEZLNの要求には以前はなかった女性のための項目が設けられています。女性は教育の権利を求めています。先住民の村には女性のためのものは何一つないからです。私はEZLNでスペイン語を少し学びましたが、当初はラモナと同じようにツォツィル語しか話せませんでした。大人でも読み書きを学び、勉強して向上していけるような女性のための学校を要求します。それから産院も。お産は家で行われており、出産は家で赤ん坊をむきだしの地面に産み落とし、へその緒は畑仕事用の山刀で切っているのが現状です。赤ん坊を病気から守り、妊婦を保護できる状態にはありません。そこで産婦人科の設備を要求します。それから講習会、仕事をしやすくする器材……」

ハビエル司令官が、通訳を中断して男性側の意見を述べ始めた。「女性が頼もしくなってきた。以前は付き従うばかりだったのが、自覚を持つようになってからは組織作りが必要だと考えるようになってきた。男たちのあいだでも女性に参加する権利を与えることに合意ができている。以前は集会に参加する権利なんてなかった。それが一歩ずつ進んで女性法を要求するほどになったのだ」

ハビエルによれば、女性が団結するようになってからすべてが変わったという。男性も以前より少しは協力的になり、女性の苦しみについて考えるようになった。「残念だけど、女性が二時か三時に起きて食事の支度をし、夜明けと共に夫と働きに出ても、以前はまったく気にしなかった。しかも男は馬で、女は子どもを背負って小走りについて行く。帰りは薪もだ。コーヒーだろうがとうもろこしだろうが、畑仕事は男と同じ、女性のほうが器用だから仕事は多いかもしれない。帰宅すれば食事の支度だ。男はえばって待つだけで、あわれな女性は泣く子をあやしながらトルティージャを作り、家の掃除をして、昼できなければ夜だろうと洗濯に行かなくてはならない」

ラモナが病気になる

ラモナが公の場に姿を現さなくなって一年近くなる。一九九四年八月八日ラカンドン密林で行われた全国民主会議の席上、ラモナに会いたがる何千人もの女性を前に、マルコス副司令官は彼女が重い病気であると発表した。国内外を問わずただちにラモナを救う会が結成され、病院への移送を許可するよう政府に圧力がかけられた。

しかし彼女の消息は不明のまま時が過ぎた。姿を見せたのは政府軍がサパティスタ地区に侵攻した数日後の一九九五年二月十九日、この日彼女は沈黙を破ってビデオメッセージを発表し、緊張につつまれていたEZLNの孤立を救った。

ラモナは二月十八日付のラ・ホルナダ紙を手にテーブルの前に座っていた。後ろにはEZLNと書かれた白い旗が掲げられていた。彼女の死亡を伝えた一部マスコミの報道が誤りであることを証明したのだった。

ビデオで「EZLN先住民革命地下委員会総司令部の声明」と女性の声が流れる。その後ツォツィル語、スペイン語で「ラカンドン密林よりラモナが語る」。

弱ってはいるもののしっかりした口調でラモナが演説を始める。「私たちの運動は先住民のものです。チアパスの農民が飢えと病に苦しんでいる事実を世界に伝えるために、何年も前に始まりました。私は病気で、余命いくばくもないかもしれない。多くの子ども、女性、男性も同じように病気です。病気が蔓延しているのに、病院も医者も薬もありません」

「私たちは飢えています。食べ物はトルティージャと塩だけか、せいぜいそれにフリホール豆です。肉や牛乳を口にすることはめったにありません。ふつうのメキシコ人が受けているサービスのほとんどが我々にはないのです」

「働きに出れば搾取されます。市場で民芸品を売っても、町に出て女中になっても、農村の人間は搾取されるのです」

「最初私たちは民主主義、正義、尊厳を求めました。いまそれに平和をつけ加えます。私たちが求めるのは対話です。山に避難している人々が村に戻り、よりよい未来のために働くことができるように、政府軍には撤退してもらいたい」

「もう一度メキシコ人民に訴えます、私たちを忘れないでほしい。独りにせず、平和を築くのを助けてほしい。そして私たちの苦しみを理解してくれるだけでなく、平和のために闘ってくださっているサムエル・ルイス司教を守ってください」

「すべての女性が目を覚まし、団結する必要を感じとってほしい。手をこまねいているだけでは、みんなが求める自由と正義の国メキシコを建設することはできないのです。民主主義、正義、尊厳を。サパティスタ民族解放軍万歳！」

ラモナはこのメッセージを通じて、政府軍の侵攻を止めるための国内・国際連帯を訴えた。マルコス副司令官が包囲されそうになり、彼が後日語ったようにすっ飛んで逃げた二月のことであった。

一方、チアパス高地のアナ・マリア少佐は政府軍の包囲網をあざ笑うかのように手書きのメッセージをマスコミに送りつけた。「セディージョ大統領殿、あなたは先住民や国のために闘う者を殺せばサパティスタを潰せると思い込んでおられる。あなたが先住民の闘いを潰したいのは、それが多くのメキシコ人民の血を代償に権力の座に君臨し私腹を肥やすのに邪魔だからだ。しかしすべては歴史の一ページに刻まれることでしょう」

「セディージョ殿、これがあなたの最後通牒なのだろうか。我々はいまのところ、あなたの軍隊と衝突を避けるべく後退命令を受けている。しかし必要とあらば戦う準備はできている。失うものはなく、いざとなったら死ぬ覚悟はあるのだから。いつも死者を胸のうちに抱いて生きていて、死など怖くない。我々にあるものといえば、貧困と搾取、我が国にないのは自由、正義、民主主義。我々が語るのは真実の言葉、あなたたち為政者が隠したがっているもの。いつの日かメキシコ人が尊厳、正義、平和のうちに、そう尊厳、正義を持って暮らせますように」

実際、一九九五年二月にサパティスタを締め上げた政府軍による侵攻を突破したのは、ラモナとアナ・マリアのメッセージだったと言えるだろう。

ラモナ司令官の帰還

ラモナは数か月後再びメッセージを出した。新しいビデオは、一九九五年七月二十四日、第五回サン・アンドレス交渉に合わせてサン・クリストバルで発表された。

以前よりしっかりした声で元気な様子だった。天気のいい朝に屋外で撮影されたもので、いつもの赤いウィピル姿のラモナは、心配してくれたことに謝意を述べた。「この数か月で何千人もの女性から健康を気遣う手紙をいただきました。医者にかかるよう心配してくれてどうもありがとう。みなさんのやさしさと連帯に感謝の言葉もありません」

「私たちの村では、栄養失調で大人になりきらない少女のうちから母親になってしまいます。子どもを産み落として亡くなってしまう女性もたくさんいます。先住民女性は三、四十代でもう体は老衰し、病気に冒されているのです」

「みなさんの支援と、私に生きて闘う希望を与えてくださったことに感謝します。そしていまその連帯を姉妹たち、メキシコ全国の先住民女性、農村で働く女性、都市でひどい扱いを受ける女性、政府軍のせいで村に帰れない女性、都市に出稼ぎや物乞いに出かけなければならなかった先住民女性、そしてなにより医者にかかれず苦しんでいる私のような病気の女性にも示してほしいのです」

「私たちの闘いは正義と民主主義を求めるためのものです。貧困のうちに病にかかり死んでいくことがない国、私のためにみなさんが望んでくれた医師の手当てがすべての女性、子ども、男性に行きわたる国、女性革命法がすべての女性に叶う国にするためのものです。メキシコ全国に正義と民主主義が実現して初めて可能になるのです……」

「村では、何千人もの女性が苦しんでいます。政府軍が食糧や種を台無しにして、農耕具を持ち去ってしまい、種まきができません。政府軍が家畜を脅かし息子たちに銃口を向けているあいだは、政府のいう和平を信じることはできません」

「サパティスタ女性万歳！　トリニダー司令官万歳！　連帯する女性万歳！　ＥＺＬＮ万歳！」

健康を取り戻したラモナは再び姿を消した。目出し帽を取るだけで、チアパス高地のどこにでもいる女性の一人に戻ったのだった。

トリニダー司令官が世界の女性に語りかける

一九九五年五月十二日、サン・アンドレス第二回交渉が始まった。密林の町ラス・マルガリータスからチアパス高地の村サン・アンドレスにトラックが到着し、和平交渉の舞台である集会所の前で止まった。赤十字のトラックから降り立ったタチョ司令官をみなが拍手で迎える。一人の女性が後に続いた。トリニダー司令官だ。彼女は赤いバンダナで顔を隠し、白髪を一つにまとめシンプルな花柄ワンピースにキャンパスシューズというラフな格好で、夜のとばりが下りたチアパス高地を静かなまなざしで見回した。

トリニダーは、両代表団のなかで唯一の女性として今回初めて対話に参加することになったのだ。全国仲裁委員会〔一九九四年一月八日サムエル・ルイス司教の呼びかけで発足した組織〕や和解・和平委員会〔一九九五年三月十四日に発足した国会議員らから成る組織〕のメンバーの陰に隠れ、前面に出てきたことはこれまでなかった。

この夜初めて報道陣の前に姿を現し、インタビューに答えた。少し疲れ気味で、正確に答えられるか心配しているようでもあった。霧深く寒いサン・アンドレス村で「男ばかり」に囲まれて、蒸し暑い密林からやってきたトホラバル人の彼女は孤独を感じていた。

発言は前向きだった。「政府は、いい加減な人ではなく物知りでしっかりした紳士たちを代表として寄こしているのだから、対話する意志があるのだと私たちは考えています」

しかし間もなく「物知りでしっかりした紳士」の中身を見破り、当初感じていた引け目を捨てて「自分は読み書きもできない」が、彼らに至っては「心がない」と非難することになる。

なぜなら彼女には、一九九五年二月九日以来駐留している政府軍の撤退を求める密林の村の女性たちの声を届けるという特別な使命があったのだ。彼女の出身地グアダルーペ・テペヤック村は「敵の手に落ち」村人はみな、山に避難していた。トリニダーがどんなに訴えても「政府の石頭を懐柔させる」ことはできなかった。

トリニダーは私にこう語った。「あんたなら、私のつらい気持ちをわかってくれるだろう。自分の村の自分の家で暮らすのとよそで暮らすのでは、まったく違う。何度も役場に行っては、胸に手をあてて考えてくれるよう懇願したよ。耕地をくれたのは知事なのに、なぜそこに軍隊を駐屯させるのってね。五十四歳にもなって、また軍隊に囲まれるなんて冗談じゃない」

「ここにやって来たのは、先住民女性は薪を担いで果樹の手入れをして川で水を浴びて、外で働くものなのだと伝えるためさ。それなのに今は政府軍があふれかえって、出かけるどころか家から出られやしない。畑に行けなくて、耕す時期を逃してしまった。それでメキシコの先住民女性の代表としてここに来たんだ。私だけじゃなくどんどん仲間が続くといいけど」

トリニダーから見れば紛争は簡単に解決できる。「政府が軍を引き上げて平和な村に戻せば、サパティスタ軍もそれに従うと村のみなは思っている。それだけだよ。まず運動のきっかけになった要求を認めること。組織のなかでは男も女も一緒で、女性だって闘う準備ができている」

しかし七月に行われた第四回交渉で自分の努力が無駄に終わっているのを感じると、タチョやダビ同様トリニダーも、グアダルーペ・テペヤック村を空っぽのまま「政府の裏切りの象徴」とし、新たなグアダルーペ村を「ラカンドン密林におけるサパティスタの抵抗と尊厳の象徴」として建設したほうがいいと考えるようになる。

一方、サン・アンドレス交渉の合意文書作成のための作業部会に、女性をテーマとした部会を設けるべきだとして、報道陣を前にして次のように主張した。「私たちの意見も聞いてほしい。私たちは子どもたちを心配しています。実際、政府もこちらの男性代表もそれを考えていません。妊娠して子どもを産まない男にはわからないことが、たくさんあります。だからこそ女性の作業部会で話し合いたいのです」

「私たちは女性の解放、自分たちの権利を主張できるようになることを望んでいます。政府はいつだって私たちの存在を認めず、女には価値がないと言って馬鹿にしてきました。でもほんとうはとても価値のある存在なのです」

「声を大にして、女性の権利を主張する必要があります。うまく話せないからといって、なにも話さなかったらどうなるでしょう？　対話しに来たのだから、少しでもみんなの前で話さなくてはいけません」

テレビカメラとテープレコーダーが据えられ、カメラのフラッシュがたかれるなか、花柄のワンピース姿のトリニダーは緊張しながらも、母として祖母としてこぶしを振り上げて話すのをやめなかった。「私はメキシコのすべての女性、先住民、世界中の女性を代表してここに来ました」

そう、トリニダーは私たちみんなを代表していたのだ。平和を望むすべての女性、母、祖母たちを。だからこそ飾りのないその演説はこれほど胸を打ったのだ。

アンドレア司令官、サパティスタの母

トリニダーに助っ人が現れた。六月七日の第三回交渉にアンドレア司令官が加わったのだ。ライトブルーのセーターにショール、紺地のスカートにサンダル姿で、目出し帽からは褐色の肌と大きな瞳がのぞいている。トリニダーと同じ五十四歳で、村全体を一つにまとめるのに貢献したＥＺＬ

Nの「おばあちゃん司令官」世代の一人だ。アンドレアは五人の子どもを、医者の手を借りず助産婦の介助だけで出産した。スペイン語を話さないが、彼女のツォツィル語は耳に心地よい。指を一本立てて、二言だけスペイン語で話した。「ここに来たのは初めて。対話は少し怖い」

通訳を介してアンドレアが語った。「私は十四年間闘争を続けている。当時はいまと習慣が違っていた。たとえば結婚制度はいまのほうがいい。私たちの自治区では以前よりいろいろ考えるようになって、よくなっている」

「私たち女性は鍬や山刀を手に黙々と働いてきた。畑に行ってフリホール豆を育てた。でも心のなかでは子どもが病気になれば悲しい思いをし、治療費がなくてどうもしてやれないのをつらく感じていた。男はたいてい酔っ払っては妻を殴るばかりだ。子どもが亡くなれば、女性の悲しみはとても大きかった。いまのところ言いたいのは以上です」

最後の言葉は、ライトを浴びせられることに疲れた司令官がインタビューを終わらせようとして言ったものだが、我々はこんなに短い時間で彼女を手放すわけがなく、質問を続けた。「いつ政治的意識に目覚めたのですか？」

「闘争の意味を理解したときから。夫と一緒にこの耳で聞いて理解した。なかでも集会に行って、組織した人の話を聞いたとき。これはいいと思った。その後仲間の女性と行った集会で、発言者として選ばれた。読み書きなんてまったくできないのに！」

インタビューのとき、地面に座っていた私は脚がしびれてしまい、立ち上がろうとして転んでしまった。それを見たアンドレアは他の司令官にインタビューしていた三十分間笑い続け、その後私と会うたびに、笑いをこらえた目出し帽がピクピクして目には涙を浮かべたものだ。

交渉のあいだ、アンドレアは退屈していたことだろう。みながスペイン語で話すなか、彼女はときどき通訳に耳を傾けるだけだったのだから。

スサナ、虐げられる女中から革命家へ

アンドレアの一か月後、スサナが加わった。背が高く細身で、チャムーラ女性に典型的な衣装である羊毛の黒いスカート、赤い縁だれがついたショール、刺繡で縁取った白いブラウス姿だった。黒い目出し帽で緊張を隠した彼女は、トリニダーとともにしだいに前に出ることが多くなった。サン・アンドレスの市庁舎前で交渉の進行状況を報告するタチョかダビを二人ではさんで並んだものだ。後ろには七人の男性司令官が控えていた。

私たちがインタビューしたとき、極度に緊張した様子だった。黒いウールの目出し帽を、横にいたトリニダーのほうにかしげた。インタビューというのはどんなものなのか尋ねているのが、私たちにもわかった。トリニダーはすでにベテランで、落ち着いて質問されたことに答えればいい、簡単だと教えていた。

「私たちはもっと多くの女性が目を覚まして、声を出すようになることを望んでいます。EZLNの組織ができる前は、なにも言えなかった。いまはもっと話したり見たりできるように、少しずつ目覚めつつあります」

司令官によると、ごく簡単な方法で女性を組織するそうだ。「まず女性だけで集まるのです。そうすれば話し合うことができます。集会がなければ、なにも話せません。集会では女性が抱えている問題、状況、苦しみや、どのように暮らしているか、どんなに敬意を受けず搾取されているかを話し合います。そうすると、闘争が理にかなっているように思えてくるのです」

「女性で集まって話し合いをするうちに、少しずつ恐怖心がなくなっていきました」

スサナはこの仕事をするようになって五、六年、まだ「間もない」という。「集会のほかに、ウサギや鶏など家畜の飼育や野菜栽培の共同作業を女性たちで計画しています」

これらはすべて、蜂起を承知で準備したという。「ええ、知っていました。蜂起するのは私たちのためにもなったし、いまもそうだと思う」

スペイン語でしっかり話す彼女によると、男性も反対しなかったという。「反対はそれほどありませんでした。ほぼ対等でした。組織のなかでは女も男もなく、みな一緒だったのです。男性と一緒なのはそれほど大変ではなかったし、男性もいいと思ったようです。以前のやり方はよくなかったと言っていました。若い女性が反乱軍兵士になっても、後ろ指をさされることはありません。いまはもう若い娘が兵士になっても誰もなにも言わない。それに女性も男性もみな平等なのです」

反乱の原因を説明するため、スサナはEZLNと出会う前の生活を語った。「私自身、搾取を経験してきました。幼い頃から町に働きに出て、仕事のつらさを身にしみて感じました。なぜ村を出て働いているのだろう? なぜ家に残れず外でつらい思いをしているのだろうと自問しました」

「女中として働きだしたとき、無知なためずいぶんつらい思いをしました。そこで苦労しながら、少しずつ状況を理解するようになっていきました。村を出たときまだ幼くてツォツィル語しか話せなかったので、勤め先の家で苦労しました。メキシコシティにまで働きに行ったこともあるけれど、スペイン語が話せなかったので状況はもっとひどいものでした。雇い主は冷たい人で、なにかにつけてぶたれた跡がいまも体に残っています。きつい家事をこなして子どもの世話もしたのに、一銭もお金をくれませんでした。私は世間知らずで家族もそばにいなかったし、誰もどうしたらいいか教えてくれなかった。たしか十三、四歳の頃です。とてもつらかった」

「四年半ほどして戻ったときにEZLNを知り、これはいいと思いました。私たちはひどい状況に置かれていると前から感じていましたから。だからEZLNと出会って、心の底から共鳴したのです。ぶたれたり虐げられたりしていいわけはない。それで働くのをやめて、女性を集めることに専念しました。村に帰ってそこから始めました。外で働くとひどい目にあってつらい思いをすると話しました。町に働きにいかないですむように、女性は団結しなければなりません。私たちで組織を作って意識を高めていけば、なんでもできるはずです」

「まず村で女性の組織を作り、それをチアパス高地の他の村に広げていきました」

スサナは女性革命法の推進者の一人だと自認している。「女性のための法があったほうがいいと私が言いました。そして村を回って準備を進めていったのです。起草にも参加しました。よく覚えていないけれど、あっという間にできあがりました。女性はみな自分たちが低く見られていると感じていましたから、敬意をもってもらえるよう法を作ったのです」

「それは大変な作業でした。村はどれも離れていて、それを歩いて回らなければならないので、村ごとの意見を集めるのが大変だったのです。私はもう一人の同志（ラモナ）と一緒に出かけたものです。距離があるので一人では無理でしたから。村を回っては集会を開いて、女性の意見を聞きました。すべての意見を集めてから男性同志も交えてまとめていったのです。そのように作業を進めました」

彼女によればサパティスタの村では「法は守られている」という。男性も「いいと思っている。それに無駄だと言うわけにいかないから、守るしかない」

先住民女性の未来については、次のように望んでいる。「もっともっと自由になってほしい。自分がやりたいこと、望むことをできるようになってほしい。勉強したいなら、かなうようになってほしい。前は学校にすら行けませんでした。私も学校に行かせてもらえなかったので、いまだに読み書きができません。父は学校に行くのは悪いことだと思っていたのです。状況はずいぶん変わった。いまは私の家族でも若い世代はみな学校に行って勉強するようになった。以前とはずいぶん変わりました」

一九九五年十月、トリニダーに連れられて三名の女性司令官が新たに和平交渉の席にやってきた。マリア・アリシア、二十代のチョル人、東洋風のおだやかな顔立ちである。同じく若いレティシアはツェルタル人、ラモナと同じ赤いウィピルを着たツォツィル人のオルテンシアは小柄な女性だ。革命地下委員会は、彼女たちへのインタビューを許可したが、事前に質問状を提出するようにとのことだった。オルテンシアとレティシアはノートとペンを持参していて、すぐに答えられるように質問を書き写した。サパティスタになって起きた村の変化について語った。

「家族のなかで変わったのは考え方です。組織に入る前は男だけがしたいようにしていました。でも今は、私たちの生活がどのようなものかに気づくようになりました。前は自分たちが貧しいとすら思っていなかった……」

「女は男以上に働いて、もっとつらい思いをしています。ぶたれることもあった。いまはそういうことはなくなったし、男も女を助けて同じように働いています。これが村に起こった変化です」

「自分の置かれている状況に気づいたからには、他の選択肢はありませんでした。男だけでなく、女も団結しなければならなかったのです。いまもそれを続けていますし、先住民女性として敬意を受けるようになるという目標を達成するまで、やめるつもりはありません」

「いまでは男も女も闘争の重要性に気づいています。団結することが大切なのです。男も女も子どもたちも若者も、自分たちがどれだけ苦しんでいるか、その状況を理解しています。村全体が起こっていることに気づいているのです」

「体制側の嘘のせいで悪い考えに凝り固まって、意見を変えるのが難しい村もあります。誰の責任でしょうか？　悪い政府と資本主義体制です。私たちみなを支配して、考える力をなくすほど踏みつけてきたのです。でも私たちは目を覚ましました。チアパスだけではなく全国、全世界の存在を感じるようになりました」

女性司令官になるのは大変かという質問には、次のような答えが返ってきた。

「私たちを選んだのは村自体で、それを引き受けただけです。村の指示に従い闘うつもり。司令官としての私たちの仕事は村の意見を聞いて組織を導き、闘争がどのように進んでいるかを説明することです。男性と一緒に活動して集会を開き、どのように活動するか、闘争するかなどの計画を練ります。要請があれば村々を訪問します。いろんな地域に行ってたくさんの人と会います」

「それぞれの村は組織化されていて代表がいます。なかには女性もいます。政府は何もしてくれず誰も助けてくれないなか、奮闘しています。五百年以上にわたる抵抗の歴史から、村が立ち上がったのは政府がなんの問題も解決してこなかったためだとみなわかっています。目を覚ましてEZLNという闘争の場を持つことになったのです。だから私たちは女性がもっと団結して、どうしたら闘えるかがわかるようにと手助けしているのです」

「政府からなにかもらおうと思っているわけではありません。もし泣いてすがれば、まただましにやって来て嘘の考えを植えつけようとするでしょう。そんなものはもうたくさんです。私たちなりにさまざまなことをしてきました。どうやったらスペイン語を話せない女性たちに読み書きを教えたらいいか、どのように学ぶ手助けができるか、さまざまな努力をしています」

サパティスタの司令官としての個人的立場について聞かれると、こう答えた。

「恐怖感や闘うことへのとまどいはありません。みんなとともに心の準備はできていますから、一致団結して成功すると信じています」

「交渉の場についたら、私たちの敵、政府の代表と向き合うことになる。でも怖くありません。尊厳を守るため、他の誰かが生きるためなら死ぬ覚悟はできていますから」

「恐れるものはありません。一月一日以来すでに言われているように、コレラや赤痢で死ぬくらいなら闘って命を落とすほうがましだと思っています。私たちは死をそのようにとらえています。独りではなく何千人もの女性を代表しているのです」

インタビューのあいだトリニダーは、若い彼女たちがいともたやすくスペイン語でメモを取り、読み上げる姿に目を細めていた。インタビューの終わりにトリニダーが口を開いた。「メキシコの他の地域でも同じことができます。女性が団結して、よりよい生活に向かって一歩を踏み出すのです。団結しようとしなければ、どうやって幸せな生活を手に入れられるというのでしょう?」

「他の独立系組織と連帯したいと考えています。そうすれば先住民女性だけの組織で終わることはありません。私たちだけで孤立していては、なにもできないのですから。大切なのは、いろいろな組織と連帯すること、ただし独立系の組織です。私たちはいかなる政党にも属しません。

最後に少し言わせてもらいます。都市にはまだうまく組織されていないグループがあり、私たちに言えるのは、とにかく団結すること、考えを一つにまとめることです。バラバラでは前に進めません。団結して初めて私たちの闘争を前進させられるのです」

アクテアル村（チアパス高地）

11　先住民女性の作業部会

「道は開かれた」

一九九五年四月から九月にかけて六回にわたって行われたサン・アンドレス交渉での取り決めにもとづき、十月から合意文書作成のための各作業部会が始まった。第一段階として十月十八日から二十三日にかけて行われた「先住民の権利と文化」の話し合いでは、自治、政治参加、正義、文化、通信メディアへのアクセス、先住民女性という六つの作業部会が設置された。

先住民女性に関する作業部会に出席したのは、政府、サパティスタ双方から選出された四十数名の招待者と顧問だった。メスティソのインテリがチアパスやメキシコ各地の先住民女性と同席したが、白人女性はただ傍観するばかりだった。

この作業部会は一番議論が白熱し、時間がかかった。先住民女性にとっては話すこと自体が革命であり目的なのだ。悲しみの起源に始まり、忘却と痛みの道筋をたどり、苦しみを掘り下げる作業だった。

オルテンシア、レティシア、マリア・アリシア、トリニダー司令官たちは意思の疎通が充分にできる政府側代表とともに最後まで残り、次のように語った。「私たちとともに闘う気持ちがある女性がたくさんいることがわかりました。ここで話し合われた女性の問題や必要性は、私たちの要求と同じであり、サパティスタも政府側も一緒です。女性たちは暴力、抑圧など五百三年前から続く不公平をすべて吐き出したのです」

トリニダーは満足げだった。「部会に参加した四日間にとても満足しています。女性がもっと団結すれば、道は開かれていることがわかるだろうとみんなを鼓舞してきました」

この四日間で「政府側の招待者も私たちの側も、考えは一緒でした。先住民女性はみな同じ道を歩んでいるのですから。いままで胸に秘めて決して口にできなかったことを話せて、泣き出す女性もいました」

作業部会の成果として発表された文書からは、「我々は経済、政治、社会、文化のグローバルな変革を求める」という核心は盛り込まれているものの、部会での白熱した議論の様子は伝わってこない。とくに強調されたのは、これまで先住民共同体の慣わしと慣習により拒否されてきた女性の土地所有権の容認と、サリナス政権期の土地を商取引の対象にできるという憲法二七条改正の廃止であった。また慣わしと慣習に関する憲法四条および先住民女性の権利に関する規定の修正、国際労働機関の条約一六九号の遵守が盛り込まれた。

「全国」レベルの話し合いである他の作業部会同様、満場一致で先住民の自治を要求した。また差別撤廃、村から連邦にいたるあらゆる政府機関における五十パーセントの代表権、軍の撤退、親族間の性的暴力の防止が要求された。「ウィーン人権宣言、女性差別撤廃条約、世界人口発展会議での産児・健康に関する女性の権利についての合意、政府予算の一定の割合を教育に充てることを定めたユネスコ合意などの国際規約を有効なものにしてほしい」

健康問題から暴行まで

先住民女性にとって生活上もっとも身近な問題は、健康である。女性として、母親として、炊事、洗濯、掃除、子どもの世話をし、家族の栄養を気遣うことがまず頭にある。女性に一番気がかりなことや望んでいることをたずねると、病気にならないこと、子どもが医者に診てもらえることという答えがいつも返ってくる。

十月二十一日、サン・クリストバルのエル・カルメン公会堂で行われた作業部会では、健康問題が議題に上った。先住民女性の怒りが堰を切ったようにあふれ出し、会場は涙に包まれた。

口火を切ったのはフアナ・マリアだった。「サン・ペドロ・チェナロー村から来ました。村に病院はありますが、医者もいなければ薬もありません。たまに医者がいても、お金を持ってないと診てもらえません。女性は裸足で歩くので、『泥だらけの足を洗ってこい、汚い奴は診られない』と追い出されてしまうのです」

ツォツィル人のマリアは、さらに医者の先住民女性に対する暴行を告発した。

「なぜそんなことが起こるかって？　それは私たちが貧しい先住民だからです。それで病院で強姦されるのです。だから先住民女性は病院の医者や看護婦を信用せず、結局家で死んでしまう。私たちはいつだってきちんと診てもらえず、虫けらみたいに扱われる（涙）。政府が先住民になにかしてやりたいと思うなら、私たちに敬意を払うすべを知ってもらいたいものです。そしてツォツィル語、ツェルタル語、トホラバル語、チョル語、マム語をはじめ、メキシコにあるあらゆる言葉の通訳がほしいです」

女性が集まったこの小さな集会所で、みんなの思いが一つになったようだ。一人また一人と、自分の思いを吐露した。

「私たちのほとんどは、病院を信頼していない。一人で病院に行けば医者に迫られるに決まっているから、家で死んだほうがましだ」

ベロニカは先住民の医者、できれば女医がいる総合病院がほしいという。

短い沈黙の後、チャムラ村のツォツィル人セバスティアナが、聴く者がぞっとするような話を始めた。

チャムーラの女たちの悲しみ

「私はサン・クリストバルの〈女性グループ〉の産児問題メンバーです。みなさんにチャムーラの状況をお話したいと思います。

女性の妊娠、出産、産後にたずさわるなかで、さまざまな形の暴力が女性の病気と密接に関係しているのを見てきました。たいてい病気の直接の原因は暴力や放置にあります。でも健康的な生活を阻む一番の原因は、村が女性に押しつけている価値観です。女性の人格を認めず、意志を持つことを認めない。その結果権威主義、暴力、侮辱を、女性たち自身が神の思し召しとして受け入れてしまうのです。

病名や患者の数を知ることは重要です。でも私がここで伝えたいのはそういうことではなく、健康について語った女性の声です。メキシコ中の女性と同じように、頭痛、腹痛、節々の痛み、手足の腫れなどに苦しんでいます。痛みはいつも頭から始まり、悲しみと恐怖からだんだん下のほうに広がると言います。悲しいのは、女性は心を天に置いたまま生まれ、自分で考えて物事を解決できないからなのだそうです。

働きづめで、休めない。夫に殴られ、石けん代すらもらえなければ女性は悲しくなり、その悲しみが大きくなって頭痛を起こします。病気が下に行かないようにするため、ろうそくをつけて祈ります。怖いのはお酒を飲んだ夫に、殴られたり足蹴にされるときです。そのときは病気にならないよう、祈禱師に相談してろうそくをつけて祈りを捧げ、治療用の植物をくくりつけて鶏を殺さなければなりません。

妻を張り倒すような男は悪い夫だけれど、ろうそくも飲み物もくれなければなおひどい。自分でろうそくを手に入れなければならないからです。夫がいい人でも妻が病気になったら、本人には原因はわからないので祈禱師のところに連れて行って診てもらわなければなりません。容態が悪くてもなぜ病気になったのかわかりませんし、医者にかかるということもありません。なぜでしょう？医者はおしっこを診る――ヴァギナを診るという代わりにこう表現します――からです。

チャムーラの女性は、妊娠・出産・産褥期を危険だとは思っていません。産婆を頼むとすれば赤ん坊が地面に産み落とされるのを夫が好まないからです。夫は産褥期（セックスを避ける期間）を守らず、妻を抱こうとします。でもべたべたして気持ち悪いうえ、スカートが汚れてしまい、妻にとってはつらいことです。夫にお前は臭いと言われたりします。敬意を払われず、意見も言えないままなす術がありません。夫に『これのためにお前を買ったのだぞ。お前と結婚するために払った酒やジュース代は誰が払ったと思っているのだ』と言われて、なにができるでしょう？

女性にはどうすることもできません。そういう習慣だから、おとなしく暮らすしかないのです。流産したら子どもが生まれてきたくなかったからとみなされます。母体の健康は考慮されないのです。羊水がたれていようが血が流れようが、畑に行き薪を担ぎトルティージャ作りをします。流産はその家に男児がいないときには意味を持ちます。つまりその女性は役立たずということになり、嫁を取り替えることもできます。夫は息子を欲しがるからです。

贈り物と引き換えに嫁にやられた場合、村で頼れるのは実家だけです。もし贈り物がなく嫁に行ったのなら、死に際ですら誰も助けてくれません。暴力に耐えられなくなった女性が行政区の役場や裁判所にかけこんでも、『あなたが嫁入りするために用意されたお酒でも飲みますか？　それともジュースでも？』と言われてしまうこともあります。

これが村の慣わしであり、なにも権利のない女性の暮らしです。自分のことも満足に知らずに、どうやって自分の健康について考えられるだろうかと自問しています」

セバスティナは、ここで一息ついた。かたくなな気持ちとあきらめの入り混じった怒りに任せた激しい口調の演説だった。美しいマヤ系の面立ちを曇らせ、瞳は潤んでいた。

セバスティナは原稿を置くと立ち上がって、出席者を見渡した。そして怒りを込めて言い放った。

「私たちがいつ性生活を楽しんだでしょう？　一度もありません。そんなこと教えてもらったこともないのですから。悲しいけど私たちの村では決してそういう話はしません。ただ、そういう慣わしで、女はどこでもそうだと言われるだけです」

会場は沈黙し、サパティスタも政府側の顧問も招待者も、報道陣もみな一つになって、目を潤ませていた。

別の先住民女性が、いかに慣わしに縛られ、それを変えるのが難しいかを話し始めた。大切なのはこうした問題を話せる場を作ること、話し合って初めて自覚を持つようになるという。「女性に関心を持ってもらうのはとても難しいことです。ちょうど今のような、対話の時間を持つことが必要で、私たちは女性だけでなく夫も含めた講習会などを行っています。女性も権利を持てるように、若い女性の意識化を目指しています」

別のツォツィル女性の声で、みんなの自己分析は頂点に達した。「私たち自身が、自分を製造工場だと思ってきた。だからこそ、そうではないのだと意識して考えていかなくてはいけないのです。そのために私たちは男女含めた講習会を行っています。どうやったらいいのか、暗中模索しています。いままで『集会に行くなら、または講習会に行くなら日当か交通費をやろう』という政府にすっかり飼いならされているからです。村に行って『衛生について話し合いましょう、日当は出ませんが』と提案する大変さにようやく慣れてきました。していることはささやかですが、心を支えているのです」

アイーダは政府側招待者の一人だ。彼女の演説は他の人たちに比べほとんど政治色がないものの、内容は一致している。「私はオコシンゴ行政区のサント・ドミンゴ渓谷にあるラカンドン地区の者です。そこからはるばるやってきました。密林の奥深く、生活がもっとも厳しく、健康でいるのが難しいところです。でもみなさんが話してくれた苦しみのために、私たちはここに集まっています。みんな本当のことです。先住民の村が、前に進むのは難しいのです」

飢えと忘却という名の病

白人女優のオフェリア・メディナは次のようなデータを示している。メキシコには健康を維持できない最貧困層が千七百万人いる。先住民の子どもの八七％がグレード2の栄養失調状態にあり、十歳以上の先住民は百％栄養不良であるという。学齢期の先住民の六五〜七九％は平均身長以下であり……「現行の福祉システムはごく少数の人々のために機能している」

オフェリアはグアダルーペ・テペヤック病院を例に挙げ、建設に四年かけ大金が投じられたにもかかわらず、周辺住民の健康改善にはまったく役立っていないという。

「去る五月九日、この病院で一人の女性が亡くなるのを見ました。ラ・レアリダー村から歩いて五時間かけてやってきたこの女性は五日前に出産したばかりで、姑に一キロにも満たない赤ん坊を背負ってもらい、自分はもう一人の子を背負って来ていました。彼女は、ラテンアメリカでもっともすばらしい病院の一つで亡くなったのです。ここは飢え、貧困に苦しんでいます」

ペトロナという別の先住民女性が聴衆の関心を集めた。「村に、現代医療と伝統医療の両方ほしいのです。そして女性は先住民の女医と看護師に診てもらいたいと思います」

イサベルが話を続ける。「村に大きな病院があっても、しかるべき診察を受けられないのは同じです。薬もないし、医師は見習いできちんとした医者ではないのです。建物だけで中身がなければ、女性、子どもの死は止まりません。壁がなんの役に立つでしょう？」

セバスティナがまた話したくなったようだ。マイクを取り、聴衆を見渡して語った。「中絶についてお話したいと思います。これは罰せられるべきものではありません。家族に強姦される女の子がたくさんいるのですから。この問題は誰も口にしないため、外に漏れたりしません。でも知られていないだけで実際には父親や兄弟の子を妊娠してしまう場合もあるのです。私は村で女性たちに『生理を来させるいい方法を知らない？　もう絶望的だわ』を言われた経験からお話ししています。中絶を合法化し、その理由を明らかにすることが必要だと思います。身内に強姦されて健康を害してもどうすることもできない女性の話を聞いてきました」

残念ながら、中絶の合法化は、最終的に合意に至らなかった。教会と反目しないために削除したほうがいいというメスティソ女性の意見が通ったためだ。

隔絶された攻撃的な世界に置かれた先住民女性の孤立に関する話が続いた。「夫に殴られた女性が病院に行っても、いたわりの言葉をかけてもらえません。精神面での支援がなく、女性のほうも相手を信頼してないので、殴られたとは決して言いません。『どうしました？　気分はどうですか？』と聞かれても、『別に何でもありません』と答えるのです。私たちの組織では、精神面をケアする専門家を用意しています。私たちを死に追いやるものは何でしょう？　頭痛はどこからくるのでしょう？　悲しみからです。けれども医者は決して気持ちを聞いてくれません。

先住民女性は、貧困と人種差別ゆえに非人間的な扱いを受け、説明する権利すらありません。医者に行くということは、恐ろしい思いをさせられるということなのです。病院では服を脱ぐ必要がありますが、なぜ脱がなければいけないのか、なぜ体を見るのかをきちんと説明してくれる通訳がいるべきです。病院に行っていきなり『いま診てやるから服を脱ぎなさい』などと言われるのはおかしい。妊婦の場合もそうです。出産に備えてと説明もないまま、服を脱がされます。私自身の経験から言っているのです。私が女児を産んだとき、出産から十二時間経たずに追い出されそうになりました。まだ具合が悪いのに、倒れてしまうまでわかってもらえませんでした。スペイン語を話せて自分の身を守れるはずの私でもそうなのです」

先住民は診察の順番は最後だが、退院では一番目のようだ。別の女性が怒って言う。「お金持ちは最初に診てもらえる。私たちのことは気が向いたときだけ。そんな仕打ちに耐えてきました。貧しい農民女性に対する仕打ちをね」

「どんな扱いを受けてきたかって？」とファナが自問する。「私たちはあっちこっち連れ回されて、トラックみたいなものよ。政治家も候補者も約束を守ったことがない、嘘つき連中だ。私たちも貧しくて無知なものだから、だまされてばかりだった。でももううんざり、自分自身の言葉で話す時が来たわ」

「メガネを全国に普及させよう」

トホラバル人教師のロセリアは、先住民地域の病院に配属される医師の質という今回の議論で何度も取り上げられたテーマを強調した。「彼らはメスティソを診察するための練習台として先住民を診ているのです」

ロセリアは例を挙げて主張する。「腫瘍のできたある少年は、准医師に手術されて全身麻痺になりました。私と同じ名字の女性で、家が病院から遠かったために出産時に出血多量で亡くなった人もいます。先住民の医者がいたらいいと思いますが、私の住む地域には一人もいません。もっと人道的な扱いが必要です。治療費を払えなくて町のベンチで泣いている仲間を見るのは本当に悲しいものです。先住民には払えるお金がないのですから、治療費を取らないでほしいです」

トホラバル人教師の言葉に、満場一致の賛成が起こった。「先住民のための医療を。二、三年以内ではなく、いますぐに！　仲間はいま死につつあるのだから。女性に薬とビタミンを。黄疸が消えて血色を取り戻し、病院にたどり着けるように。そして病院で栄養を充分に与えられること。学校で教えられたような牛乳や肉などの食べ物の支援があること。先住民の子どもたちはそれを見たこともないのです」

話はどんどんふくらみ、病院では先住民の常食であるトルティージャもとうもろこし汁も与えられないなど尽きることなく広がっていった。一見矛盾した要求や下品な冗談も飛び交ったが、その奥に流れるのは「メガネを全国に普及させよう」というマリアナ・ペレスというチョル人助産師の言葉に象徴される厳しい現実だった。

あるとき、一人の外国人が誰もメガネをかけていないなんて、先住民はなんて目がいいのだろうと感激したように語った。織物をする老いた女性は色とりどりの糸をより分けるのに苦労し、黒板がまったく読めなかった子どもたちは自分の目が悪いことすら気づかずにいただろう。偏頭痛に悩まされながら……だが、もっとも忘れられた人々のメガネの心配など、誰がしてくれるだろう？

「女性が飾り物でなくなりますように」

ロセリア・ヒメネス・ペレスは三十三歳のトホラバル人で、先住民女性の文化と権利の作業部会の政府側招待者だった。コミタン出身、小学校教師であり、サン・クリストバルに事務所を持つマヤ・ソケ作家連盟の会長を務めている。

「EZLNがこの対話の機会を与えてくれたことに、心から感謝しています。サパティスタの女性をとても好きですし、同席できることを大変嬉しく、名誉に感じております。私と同じトホラバル人のトリニダー司令官が言うように、道はすでに開かれているのです。彼女たちはそのために血を流して活動してきました」

彼女は、この努力が実らないのではないかと心配している。「ここに来て最初にこう言いました。女性の尊厳のために、先住民の尊厳のために、メキシコで流された血のために、ここにいる女性の存在がただの飾り物で終わりませんように。答えが出ますように、前進できますようにと。だからこそ、成果を確かめるための行政区・州・全国での集会ができるように、女性のための資金を提供してくれるよう昨日お願いしました。

私は一歩ずつ結果を見ていくつもりです。いままでみたいにただ連れてこられて座っているだけの飾り物で終わるのはいやですから」

ロサリアは怒りを込めて、確信に満ちた口調で続けた。「私が見たいのは、勉強し、自分の資金を運用し、参加する女性の姿です。村で女性も発言することを男性にも認めてもらいたいと思います。サパティスタ女性司令官たちはそのために血を流してきたと言いました。私もそれを認めます。死んでいったのは私たちの家族であり、その痛みは計り知れず、そして私たち自身がその道を開いたのですから……」

政府・ＥＺＬＮの招待者と顧問が参加する席上で、ロセリアは先住民女性にも怒りをぶつけた。「彼女たちは到着した当初から謝ってばかりでした。スペイン語を話せなくてすみません、うまく説明できなくてすみません、理解してもらえたかどうかわからなくてすみません……私はもう謝るのはやめましょうと言いました。サリーナス・デ・ゴルタリ元大統領が貧しさを謝ればいいと発言したことがあります。スペイン語を話せないのを謝り続ける。私はもうそれは終わりにするよう言いました。誰に対しても謝る必要なんてないのです」

「私がここで要求したいのは、女性が運用する地域基金の設立です。そのために教育は欠かせませんから、大学のあるタパチュラやトゥクストゥラ、サン・クリストバルに宿泊施設を作って女性が泊り込みで勉強できるようにし、それに奨学金を出してほしいと思います。村の女性は貧困と飢えにあえいでいて、今のままでは何もできないでしょう。でも宿泊施設と奨学金があれば勉強できるのです。
それから畑や家畜の飼育場を作るプロジェクトもほしいです。これが実現して資金が用意され、行政区の指導のもと女性と男性が五〇%ずつ資金を運用して村の役に立つようになればいいと思います」

先住民言語について

ロセリアは自らの半生を語った。「私はトホラバル人の父ゴンサレス・デ・レオンとロマンタン出身の母の子としてコミタンで生まれました。両親はトホラバル語はよくないといって覚えさせたがりませんでした。でも両親はずっとトホラバル語を話していました。四人兄弟のうちこのすばらしい言葉を話せるのは私を含めた二人、あと二人は話せません」

トホラバル語の作家でもあるロセリアは自分のルーツを愛しており、メキシコ古来の文化を恥じるのはやめようとみなに呼びかける。「先住民言語を公用語化し、教育に私たちの文化の価値を盛り込むよう要求します。現在子どもたちは気の毒にも生活とまったくかけ離れた内容を教えられているからです。そこから自分たちの言葉に対する恥じらい、差別が始まり、文化が消えてしまうのです。教師が来ても同じ言葉を話さなければ、どうしたらいいというのでしょう? 子どもたちはおびえ、心の傷となって複雑な劣等感が植えつけられます。これはおかしなことです。子どもには最初から自分の言葉で学ぶ権利があります。

メキシコには人種差別がはびこっています。私たちはサン・クリストバルに来るときですら悲しい思いをしました。ホテルを予約していたのですが、先住民とわかったとたん断られたのです。

悪いのはなによりもまず政府ですが、自分たちのルーツに思いが至らない人々にも責任があります。好むと好まないとにかかわらず、私たちがメキシコ人のアイデンティティの根っこなのですから。

なぜ先住民言語を習う前に英語を学ぶのか、わかりません。国立先住民庁や社会開発省など先住民のためにあるはずの役立たずな政府機関は、たくさんのメスティソに職場を提供しているのに、みなその土地の先住民言語を学ぶ前に英語を学んでいます。メキシコ人のアイデンティティが複雑な所以です。

先住民言語を公用化し、中学、高校、大学のカリキュラムに組み込むことを要求します。そうすれば文化が尊重されるようになるからです。

これが受け入れられなければ、どこにメキシコ人のアイデンティティを置いたらいいかわかりません。スペインでないことは確かだからです。幸運にも私たちにはアイデンティティがあり、それを守ろうとしているのです。この土地はいま住む者のものであるよりもまず、私たちの先祖のものです。私たちはその知恵を受け継ぎ、先祖の偉大さと繁栄はゆるぎないと感じています。ありがたいことに私はトホラバル人であるのをなんら恥じることはありません。

政府側として来ましたが、自治のために闘っているという点ではみなさんと同じです。私たちがあるがままに生き、団結する権利を持ち、価値を踏みつけにするのではなく立ち上がって人種差別などあらゆる否定的なものを越え、すばらしい未来を子どもたちに託せるように、当然の権利を受けるためなのです」

二重のハンディキャップ

ロセリアの話は思わぬ方向へ展開していった。彼女の個人史は単純ではなかった。彼女が教師になるために勉強をしている頃、先生は「君にできるのはせいぜいメスティソのために床を拭いて磨き上げることくらいだ」と言って何度もあきらめさせようとしたという。作家のグループの代表になると「私を認めようとせず、その役を引き受けるなんて女じゃないという男性もいました。その考え方こそ変えていく必要があるわ」

この作業部会の最中、先住民とメスティソのあいだに小さな軋轢があった。ロセリアに言わせれば、メスティソ女性が多すぎるというのだ。「非先住民の顧問の方々が参加してくれて、とても感謝しています。でも先住民が話をするほうが重要だと思います。ここではまさに先住民女性の文化や権利を考えているのですから。だから先住民の女性にもっと参加してほしいと思います。薪を担ぎ、トルティージャにフリホール豆とチリ、もしくはトルティージャに塩をつけるだけの食事をしているのは私たちなのですから。話をしたくてもがいているのは私たちなのです。

先住民がメスティソと共に闘うのは、まったく異なる権利を認めてもらうためです。私たちはメスティソ女性に比べ二重に不利です。その壁を打ち破らなければなりません。ここには人権や自治など、私たちに役立つさまざまな分野の専門家がいてそれができるのです」

彼女にとって一九九四年一月一日以来人生が変わった。それを詩的に語っている。「私たちはもう以前の私たちではありません。以前希望はうつむいていた。先住民が話すときも死ぬときもそう。でも武装蜂起以来、仲間は顔を上げようと言った、私たちは誇りを感じている。女性も同じ。私たちは変わった。口を開き何かを語る勇気をもらったのだと思います。

実際ここにいる四人の目出し帽の女性は尊厳そのものです。目出し帽は希望です。尊厳が磨かれたのです。メキシコ人の心には障壁となる岩があって、ホテルの件で味わったような軽蔑のなかを歩まなければならないとしても、私たちとともにあり、幾世紀ものあいだ生きてきた苦しい現実を変えるために闘うメキシコ人もいます。私たちの権利を主張し、尊厳を持って生きるために、死ななければいけない時代もある。それがたまたま私たちの時代だったのです。なんてすばらしいこと。

私はサパティスタの姉妹たちに言いました。武器を持たなくて、その勇気がなくてごめんなさいと。でも私はペンと思想を持って彼女たちとともにいます。

隷属、搾取の構造を終わらせ、新たな関係を作り上げるために私たちは闘っています。平等でありたい、尊厳、正義、自由を持って平和に暮らしたいのです」

ポロー村の子どもたち（チアパス高地）

12　私たちの心はもう沈黙しない

「私たちの心も思いももう前と同じではない。祖母や母は沈黙のうちに過ごし、できることといえばロサリオの聖母の衣装合わせくらいだった。今日、娘が飢えと病気で地べたに寝ていることは変わらないけれど、私たちが求める平和は前とは違う。たとえそれを手に入れるための道のりが長かろうとも。私はこの土地を出ることがあったとしても、心と思いはもう以前のような沈黙ではない」（『チアパスの先住民女性』一九九五年キナル・アンセティク発行パンフレット、パスクアラの発言）

一月一日はメキシコとチアパスにとって転換点となった。先住民女性が行動を起こし、先例がないほど一つになって情報を求め、参加するようになった。一九九四年八月には二十四の団体が集まってチアパス州女性会議が開催された。十月の第二回会議では、参加団体は百に及んだ。課題は多かったが、先住民女性が初めて主役となり、土地・市庁舎占拠、道路封鎖、平和行進など、市民抵抗運動の第一線で活躍した……

一九九四年八月、チアパス州知事選挙が行われ、与党候補のエドゥアルド・リンコンが選ばれた。しかし選挙に不正があったとして批判が相次ぎ、十二月には対立候補だったアマド・アベンダニョがチアパス州反乱暫定政府を設置した。

チアパス州女性会議はアベンダニョを支持し、衛生、排水、電気、ガス、飲料水など生活に密着した問題を要求として掲げる女性委員会の創設を提案したが、政府の嫌がらせや資金不足、運営上の問題などからこの試みは実現しなかった。またこの時期、反対派による先住民女性への強姦事件も起こっている。

一九九五年二月に入ると、政府軍の侵攻によって、女性の活動は停滞する。停滞というよりはむしろ地下に潜ったというべきか。村に恐怖が走り、いくつもの村があてもない逃避行を余儀なくされた。数か月で帰れた場合もあったが、グアダルーペ・テペヤック村のように帰れない村もあった。サパティスタの蜂起以降、多くの先住民女性が自らの生活を見つめなおし、残すべき習慣と取り戻すべき権利について考えるようになった。

一九九四年以来現在に至るまで女性たちが発した怒りの声や主張、分析は、とうてい一冊ではまとめきれない。

「もし女性が結婚しなければ、どうしたら土地を持てるでしょう？　女性は土地を持つ権利がない。でも女性だって食べていかなければならないのです。古い慣わしはなぜそうなっているの？」

「慣わしのすべてがいいわけではないわ！　悪いのもある……『チョポル』というのは、幼い女の子を泣くのもかまわずにお嫁にやるという意味で、尊重すべき慣わしではないわ。私の村の『レク』という慣わしは、女性が大人になったときに結婚するかどうかを決められるというもの。これは尊重すべきです」

「女性が一人の男性とだけ付きあうのはいい慣わしで、守るべきです。男性は二、三人、ときには姉妹と付きあうのがあたりまえだけれど、この慣わしは好きではありません。やめたほうがいいと思う」

「組織では男性ばかりが発言し、なにもかも決めてしまう。男たちのスペイン語のやりとりがたいていの女性にはわからないから、蚊帳の外に置かれるのです」

「私たちの家は地面がむき出しの床、木柱に泥壁で、天井や壁から雨漏りがします。村に水道の蛇口が一つしかなくて、水が全戸に行きわたりません。それすらない村もあります。お風呂やトイレもありません。電気が通っている村はほとんどありません」

「部屋が三、四つあって寝室が男性用、女性用、両親用に分かれている家、それに女性の作業場と家畜小屋、台所小屋がほしいです。そして雨漏りがしない家。水と電気もほしいけれど、せめてトイレがほしい。政府は援助してくれるのか、それがいつになるのかを知りたいです。無償なのかクレジットなのかも。憲法が定めるところによって要求したいのです」

「どうしたらいいかわからないままたくさんの子を産んで、子どもたちに憲法の定めること全部を与えてやれずにいます。援助はありません。子どもは幼い頃から働かなくてはなりません。息子は日当三ペソで朝八時から夕方六時まで水を担いでいます」

「子どもを放って出て行って、養育費もわたさない父親を罰する法がほしい」

「女の子が学校に行けるよう援助してほしい。私たちの言語の本もほしいです。恥ずかしい思いをしないためには、スペイン語を習わなければならないのです。小説を書いたり絵を描いたり、服をデザインしたり、スポーツもやってみたい。大人のための学校があったらいいのに」


一歩踏み出すこと。サパティスタの女性は行進する

雨降りの寒い夜明け。国際女性デーがかつてない規模で祝われようとしていた。台所を飛び出し、村を出て通りに繰り出さなければならない。多くの女性にとって初めての経験だ。夫と子どもを置いて仲間とともに町に乗り込むのだ。

一九九六年三月八日、サン・クリストバルを埋め尽くした四千人の女性は、僻地にある反乱地区から集まってきた。悲しみと飢えを宿した貧しい農民姿のチョル人は北部から、刺繍つきウィピルにウールのショールをかけたツェルタル人、ツォツィル人は険しい緑の山が続く寒い高地から、そして密林からやってきたトホラバル人、ツェルタル人は、世界のあらゆる色をつめこんだあざやかな衣装をまとって。グレー一色の非先住民とは好対照だ。

既存の価値観に対するなんたる挑戦！　先住民女性が歓喜の叫びを上げ、人種差別に挑戦している。しかも忘却を拒否するために顔を隠して。貧しく先住民で女性という三重苦を背負った従順な

はずの女性たちが、バンダナや目出し帽をかぶって祭りの行進をしている。一歩踏み出してその目で物事を見つめ、仲間と出会い、サパティスタ運動を通じて世界に挑戦しているのだ。

吹きすさぶ風と寒さ、長い道のりに車酔い、背に負ぶった子の重さなどものともしない。この機会を誰もが逃したくなかった。「女性にはスローガンがある。私たちはみな尊厳ある生活がほしい」と口々に叫んでいた。

女性の長い列に付き従う男性もいる。この行進の護衛役の地下委員会のメンバーだ。驚くことに、幼子を押しつけられている男性もいた。今日は女性がカメラを向けられスローガンを叫ぶ主役だからだろう。床に落ちて粉々になる瞬間のガラスのコップのように、彼女たちの勢いは激しかった。「台所を飛び出してセディージョをやっつけに行こう」

EZLNとともに成長した密林の少女たちは質素なスカートもしくはジーンズ姿で叫んでいた。「銃はしまえど、捨てちゃいないよ!」「民主主義、自由、正義」と書かれたプラカードを掲げて、軍隊風に行進していく。スローガンを書いたメモを手にしていて、集会で教わったばかりなのが一目でわかる。「サパティスタ女性は勇気を持って、国を変えよう」とメガホンの声が始まると、左翼運動のようにこぶしを振り上げて叫ぶのではなく、全員周りを見渡しながらためらいがちにこぶしをだしていたからだ。

一人また一人と、女性たちが町へ入っていく。まるで宙に浮いているかのように静かな足音だ。ふくらはぎまで泥で汚れた足が村の遠さを物語っている。硬く痛んだむきだしの足は、それでもなお支柱のように美しい。ほとんどはビニールサンダルを履いている。十ペソ以下の安物だが、唯一のぜいたくのあかしにきれいな色がついている。

高地の女性たちが歩いていく。密林の女性ほどには顔を隠さず、人類の未来の象徴である子どもをたくさん連れて、プラカードには「FZLN万歳」とある。EZLNが呼びかけた市民運動であるFZLNに最初に参加した先住民女性であることがわかる。

店の前を通る行進を眺めながら、自動車代理店主が困惑気につぶやく。「しょせん行き先も知らずに、利用されているだけさ。自分たちが言っていることすらわかってない」

「利用されている?」と私がたずねると、記者仲間が「サン・クリストバルの人にとって先住民、ましてや女性がものを考えているなんて理解できないのさ」と答える。

彼女たちは参加する意欲だけを心の支えに、寒さや疲れ、おそらくは喉の痛みもものともせず、自らの足でここまで来た。棒にくくられたプラカードが彼女たちの抑えきれない気持ちを表しているようだ……そして垂れ幕やプラカードはイラスト入りで丁寧に描かれており、この行進が突発的ではなくじっくり計画され組織されたものであることがわかる。二本の棒にくくられた大きなシーツには、すその広いスカートにフリルのついたブラウスというトホラバルの伝統衣装を着て銃を握りしめた裸足の女性が描かれている。書かれた文字はいつも女性が口にするおなじみの文句だ。「私たちの村から悪い政府の軍隊の即時撤退を要求する……」「私たちの国における女性の政治・社会参加の権利を要求する」

高地の女性が合唱するスローガンは意味深い。ある言葉に対して全員が「シー（イエス）」か「ノー」で答えるのだ。「戦車は？」「ノー！」「学校？」「シー！」「飛行機？」「ノー！」「病院？」「シー！」「刑務所？」「ノー！」「土地？」「シー！」

スローガンも韻を踏み、創造性に富んでくる。「サパティスタ、カンテラも手にしてライフルも覚悟」

行進が大通りを抜けた後、教会広場で集会が始まる。みんな地面に座って演説を聴きながら、袋からタマレスやとうもろこし汁を取り出し、屋台でコーヒーを買って一休みする。

舞台脇の木の階段には演説者たちが集まっている。ツォツィル人が集会の開催を宣言する――最初の言葉を発するのは高地の地下委員会の男性メンバーだが。

「姉妹のみなさん、これを呼びかけたのは私たちの真実を一つにまとめ、悪い政府に対抗して闘っていくためです。新たな生活を求めるすべての女性は一丸となって、女性の尊厳の旗を掲げて一緒に闘いましょう」

ビラにはこう書かれていた。「三月八日チアパスにおいて新たに重要な一ページが歴史に刻まれる。生活をよくするため、民主主義のため、悪い政府や貧困、飢えと闘うため、土地占拠、道路封鎖、座り込み、行進などさまざまな形の社会運動に女性が集まるのだ……今日私たちはサパティスタの革命女性法が掲げる『もうたくさんだ！』を歓迎しよう」

集会は、あらゆるサパティスタの行事同様、マラソンのように午後四時まで続いた。その後密林の女性が退場し、村へ戻るトラックの待つ大通りへ去っていった。高地の女性は山に戻り、集会場があるオベンティク村で行事を続けることだろう。

「先住民の女性たちは去っていく、だがじきに戻ってくるだろう」。女性たちの集団は、午前中にかけられた求心機が遠心分離機になったかのように、三々五々散っていった。見たことのない商品に目を奪われ、ついでに買い物をしていく人もいる。目出し帽のまま食料や子ども服、カラフルな髪留めなどを購入していた。

「一番強い心」を持って、先住民女性は村へ、台所へと帰っていった。チアパスで何かが始まったのは確かであり、おかげで彼女たちは外に出られるようになったのだ。

訳者あとがき

本書はGuiomar Rovira, *Mujeres de Maíz*, México, Ediciones Era, 1997を訳したものです。著者のギオマル・ロビラは一九六七年スペイン、カタルーニャ生まれのジャーナリストで、一九九四年一月一日偶然サン・クリストバルに滞在していたことがきっかけで、ＥＺＬＮに関心を持つようになりました。なかでも男性兵士と肩を並べ堂々と声明を読み上げる女性兵士の姿は、寡黙で従順というステレオタイプの先住民女性像を大きく崩すものであり、強い感銘を受けたことから本書を執筆する決心したということです。現在はメキシコシティ在住で、都市部での教育問題に取り組んでいます。

サパティスタ民族解放軍（ＥＺＬＮ）は、一九九四年一月一日メキシコ最南端に位置するチアパス州で武装蜂起しました。目出し帽に制服姿の兵士がサン・クリストバル、オコシンゴ、アルタミラノ、ラス・マルガリータスの四都市を占拠し、「ラカンドン密林宣言」を発表してチアパス州の貧困の実態を訴えるとともに、その原因がチアパスだけにとどまるのではなく、自由と民主主義の欠如という国のあり方そのものに関わる問題であることを主張しました。当初正体不明の反乱者に対し、外国人ゲリラではないかなどさまざまな憶測が飛び交いましたが、現在ではスポークスマンであるマルコス副司令官を除いて皆チアパス州の先住民であることが知られています。政府はただちに応戦しましたが、EZLNに同情的な国内世論を考慮して、一月十二日に停戦を発表、二月からサン・クリストバルで和平交渉が始まりました。その際調停役となったのが、一九七〇年代から先住民問題に取り組んできたサムエル・ルイス司教です。双方の主張が相容れず交渉が進まないなか、EZLNは一九九四年十二月ラカンドン密林地域を中心に約三十か所の「反乱自治区」の創設を宣言します。反乱自治区は本書にも登場するラ・レアリダー村やサン・アンドレス村などの支持基盤を中心に構成されていて、政府援助を拒否して村を自治的に運営し、政府が派遣する教師を受け入れずに独自の学校教育を行うものとしました（実際にはさまざまな困難が伴い村の離脱も起こったため、二〇〇三年に自治区の再編を行っています）。「反乱自治区」の創設に対する政府の対応は、一九九五年二月の自治区への軍事侵攻でした。EZLN側が応戦せずに避難したため軍事衝突は避けられたものの、多くの村人が山に逃れることになりました。数日で帰村できた場合もありますが、グアダルーペ・テペヤック村のようにそのまま政府軍の駐屯地が置かれ、長期にわたる避難生活を強いられた村もあることは第3章や7章で語られているとおりです。

軍事侵攻が国内外の強い批判を浴びたことから、三月に国会で「チアパス州における対話、調停、尊厳ある和平のための法」が成立し、和平のための本格的な取り組みが始まりました。第10章で描かれているように、四月から九月まで六回にわたってサン・アンドレス村で対話のための交渉が行われ、この交渉の結果を踏まえて十月から各作業部会が始まりました。第11章はこの作業部会の様子をレポートしたものです。作業部会には政府・EZLN双方から選出された招待者が出席しましたが、予想をはるかに超えて本音が噴出し、活発な議論が展開されたことが伝わってきます。各作業部会の成果として一九九六年二月に先住民の権利と文化に関する「サン・アンドレス合意」が結ばれ、和平合意に向けてさらなる作業部会が続行される予定でしたが、一九九六年八月「サン・アンドレス合意」の不履行を理由にEZLNが対話の無期延期を宣言して以降、現在に至るまで対話は再開されていません。

グアテマラと国境を接し、全国で八番目に広い面積を持つチアパス州は「豊かな大地に貧しい人々」が暮らすと言われており、豊かな自然と石油やガスなどの天然資源に恵まれているにもかかわらず、識字率や電気・水道の有無などをもとに算定されるマージナル指数が全国でもっとも高く、労働人口の約六〇%が最低賃金以下の収入しか得られない最貧州でもあります。先住民人口比率は一九九〇年時点で二六・四%と、全国の七・五%を大きく上回っています。チアパス州に暮らす先住民の人々はかつてマヤ文明を栄えさせたマヤ系の子孫であり、言語的にはツォツィル語、ツェルタル語、トホラバル語、チョル語、ソケ語、マム語、ラカンドン語系などに分かれ、そのほとんどがチアパス高地やラカンドン密林地域に集中しています。先住民というと「伝統社会に生きる人々」というイメージを持たれがちですが、伝統は不変的なものとは限りません。とくにEZLN

の主要な支持基盤となっている密林地域の場合、一九三〇年代まで広大な密林が広がっていましたが、一九五〇年代以降周辺に点在する農園出身者や、チアパス高地から土地を求めて集団移住した先住民によって次々と入植村が作られ、一九九〇年までに人口が約十倍に増加しました。入植者たちは交通・電信網などのインフラが整備されず政府の目が届かない密林を開拓したのであり、事実上の自治を実践してきました。その過程のなかで伝統的な価値観の再編成が行われ、EZLNをはぐくむ土壌が作り出されたと言えるでしょう。EZLNは密林の入植村の農民運動が急進化して武装闘争へと発展した運動が母体となっており、平和的な運動ではなにも解決できなかったことに対するもどかしさが武装闘争へ駆り立てたことが、アナ・マリア少佐をはじめとする女性兵士たちによって語られています。

本書の魅力はなんといっても、EZLN運動にさまざまな形で参加する女性たちの声が生き生きと伝わってくるところにあります。一九九四年蜂起の現場に居合わせた一人のジャーナリストが、ほとばしる情熱に突き動かされるようにしてチアパス中を駆け回って完成させた渾身のルポタージュであり、なかでも現在沈黙を続けている女性兵士に対するインタビューは貴重な資料となっています。慣習法や村のあり方など、章によって矛盾しているように取れるものもありますが、先住民といっても多様であり、言語集団や地域によってさまざまな違いがあることの表れと言えるでしょう。本書によって、一つの先住民像ではなく、重層的な社会の姿が浮かび上がってくれれば幸いです。

なお訳出にあたっては、筆者の了解のもと、原文のままでは伝わりにくいと思われる事実関係に関する補足の挿入、本文の流れと直接関係ない箇所のカット、明らかな事実誤認の訂正等の処理を行ったことを付け加えておきます。

末筆になりましたが、常に適切なアドバイスをくださり、本書をどうにか形にしてくださった編集の奥田のぞみさん、翻訳の楽しさと難しさを教えてくださった唐澤秀子さんをはじめ翻訳勉強会の皆さまに心より御礼申し上げます。

訳　者

著訳者略歴

ギオマル・ロビラ (Guiomar Rovira)
1967年スペイン，カタルーニャ生まれのジャーナリスト．現在メキシコシティ在住．
主な著作：*Zapata Vive*, Barcelona: Virus, 1994.

柴 田 修 子 (しばた・のぶこ)
1969年千葉県生まれ．東京大学大学院総合文化研究科博士課程満期退学．現在，大阪経済大学非常勤講師，同志社大学，同志社女子大学嘱託講師．
主な業績：「ラカンドン密林への入植過程」『神戸市外大外国学研究』52号，神戸市外大外国学研究所，2002年，「メキシコにおける先住民女性とジェンダー：サパティスタ民族解放軍に参加する女性たち」『社会科学』69号，同志社大学人文科学研究所，2002年，"El Gênero y las identidades indígenas" Journal of intercultural studies, No. 29, Kansai University of Foreign Studies, 2002,「メキシコにおける先住民フェミニズムの研究動向」『社会科学』70号，同志社大学人文科学研究所，2003年，「メキシコ先住民社会のなかの女性たち：チアパス州女性基金の事例から」『社会科学』72号，同志社大学人文科学研究所，2004年

メキシコ先住民女性の夜明け

2005 年 3 月 25 日　　第 1 刷発行

定価(本体 2700 円＋税)

著 者　G.　ロ　ビ　ラ
訳 者　柴　田　修　子
発行者　栗　原　哲　也
発行所　株式会社 日本経済評論社

〒101-0051　東京都千代田区神田神保町 3-2
電話 03-3230-1661　FAX 03-3265-2993
振替 00130-3-157198

装幀＊奥定泰之　　藤原印刷・協栄製本

落丁本・乱丁本はお取替えいたします　　Printed in Japan

ISBN4-8188-1764-3